Inhaltsverzeichnis

Teil 2: Entdeckungen in der himmlischen Dimension 69

Bei diesem Buch über meine Entdeckungen in der himmlischen Wirklichkeit handelt es sich um ein sehr persönliches, visionäres Buch, in dem ich von Dingen berichte, die ich subjektiv und persönlich gesehen und erlebt habe und die mir wichtig und kostbar sind. Hier möchte ich sie an Menschen weitergeben, die sich nach einer intensiveren Beziehung mit Gott ausstrecken.

Wenn du dazu gehörst, dann lade ich dich auf eine Reise ein, die dein Leben verändern kann – eine Reise in die Realität des Himmels.

Martin Baron

Teil 1

Einblicke in die geistliche Welt

Wir aber haben … den Geist, der aus Gott ist, ***damit wir die Dinge kennen, die uns von Gott geschenkt sind****. Davon reden wir auch, nicht in Worten, gelehrt durch menschliche Weisheit, sondern in Worten, gelehrt durch den Geist, indem wir Geistliches durch Geistliches deuten.*
1. Korinther 2,12-13

Es gibt einen Gott im ***Himmel****, der* ***Geheimnisse offenbart*** *…*
Daniel 2,28

Wie es begann

Ich schleppe mich mühsam vorwärts. Ich fühle mich so elend, so ausgelaugt, so ausgetrocknet. Wie lange bin ich in dieser Wüste unterwegs? Ich weiß es nicht.

So viel Schmerzen, Trauer, Enttäuschung.

Alles, was ich weiß, ist diese unerträgliche, gigantische, lebensfeindliche, furchtbare Wüste. Schneidender Wind, der Staub und Sand in mein Gesicht wirft. Geröll. Dürre.

Tagsüber kochend heiß, nachts beißend kalt. Die Haut gegerbt, die Kleider zerschlissen, blutend, die Augen vereitert.

Was soll das alles?
Warum nicht niederfallen und einfach aufgeben … aufgeben?

Überall um mich herum Stimmen. Voll Boshaftigkeit, Verletzung, Entmutigung … und doch: Da ist diese eine Stimme, die mich ruft, die mich lockt, die mich leitet. Ich folge ihr schon lange. Wie lange? Ich weiß es nicht. Doch je mehr ich ihr folge, desto lauter werden die anderen Stimmen. Sie schreien auf mich ein, dass mir die Ohren gellen.

Warum folge ich eigentlich jener Stimme?

Ach ja, natürlich! Weil sie meinen Namen kennt.

Besuche im Himmel

Mit diesem Bild begann für mich vor einigen Jahren eine Reihe von geistlichen Entdeckungen, Erfahrungen und Eindrücken[1], die sich, rückblickend gesehen, wie eine Perlenschnur mit sehr unterschiedlich geformten bunten Perlen durch mein Leben zieht. Es dauerte lange, bis ich in dieser Kette ein Muster erkennen konnte.

Immer wieder, manchmal unerwartet und plötzlich, manchmal auch nach längerem Warten oder Suchen, meistens kristallklar und häufig völlig verblüffend, schenkte mir der Herr Einblicke in die Realität des Himmels.

Die visionären Eindrücke dieses Buches sind mir über einen Zeitraum von mehr als zehn Jahren gegeben worden. Bereits vor vielen Jahren begann ich mich intensiv nach Gott auszustrecken und entwickelte eine tiefe Sehnsucht nach dem Herrn. Dies fand unter anderem darin Ausdruck, dass ich immer wieder betete, dass ich das Angesicht Gottes sehen wolle. Es erging mir wie dem Psalmdichter:

Wie der Hirsch lechzt nach frischem Wasser, so schreit meine Seele, Gott, zu dir. Meine Seele dürstet nach Gott, nach dem lebendigen Gott. Wann werde ich dahin kommen, dass ich ***Gottes Angesicht schaue****?*
Psalm 42,2-3 (Luther)

---

1 Der biblische Begriff ***optasia*** bedeutet: Schauen, Sehen, Erscheinung, Vision. Optasia bezeichnet den Vorgang, bei dem einem Menschen der Blick in die himmlische Welt geöffnet wird und es zu einer Begegnung mit der geistlichen Wirklichkeit kommt.

Gebete, die mich über viele Jahre begleiteten, waren: „Gott, ich will dich schauen.“, „Herr, zeige mir deine Herrlichkeit.“, „Vater, lass mich dein Angesicht sehen.“ und ähnliche. Die Art, wie Gott diese Gebete erhörte, ist Teil meiner Entdeckungsreise im Himmel.

Fragt nach dem HERRN und seiner Stärke, ***sucht sein Angesicht beständig****!*
Psalm 105,4

In unregelmäßigen Abständen empfand ich immer wieder, dass der Herr mir etwas Neues offenbaren wollte. Dann fragte er mich, ob ich etwas sehen möchte oder ob er mir etwas zeigen dürfe. Erst wenn ich dem zustimmte, empfand ich, dass ich in ein anderes Umfeld versetzt wurde und erlebte Dinge, die mich oft irritiert, erstaunt und überrascht haben, die mein theologisches Verständnis herausforderten und die meinen Horizont auf jeden Fall erheblich erweiterten.

So wie ich es wahrnahm, befand ich mich dabei immer innerhalb dessen, was ich sah. Es war weder eine Abfolge von fotoartigen Bildern noch ein Film, der vor meinem Inneren ablief, sondern ich befand mich immer innerhalb dieser Situation, bewegte mich darin, hörte, sprach und sah. Es war weitaus mehr als nur ein visueller Eindruck. Ich konnte meinen Blick auf verschiedene Dinge richten, sie betrachten oder betasten, umherschauen, Fragen stellen usw.

Mein Denken, mein Wille und meine Gefühle waren dabei ebenso wenig ausgeschaltet wie meine körperliche Wahrnehmung. Ich war nicht getrennt von meinem Körper oder in einem schlafähnlichen Zustand wie bei einem nächtlichen Traum (ich gehöre zu den Menschen, die sich morgens äußerst selten an einen Traum erinnern können), sondern war mir der Dinge und Geschehnisse in der natürlichen Welt um mich herum deutlich bewusst. Doch mit meinem Geist bewegte ich mich in einem anderen Bereich, in den mein Körper nicht gelangen konnte. Mein Körper arbeitete völlig normal im natürlichen Bereich weiter, während mein Geist im geistlichen Bereich aktiv unterwegs war.

Es war ein klein wenig wie bei langen Autofahrten. Wenn man eine längere Distanz allein unterwegs ist, insbesondere auf der Autobahn, kommt es vor, dass man sich an weite Strecken, die man gefahren ist, nicht mehr erinnern kann. Man war zwar mit allen natürlichen Sinnen beim Autofahren dabei, doch die Gedanken waren ganz woanders. Man bewegte sich mit ihnen sozusagen in einem anderen Raum.

Ich hatte während dieser Eindrücke keine körperlichen Begleiterscheinungen wie Zittern o. Ä. Meistens erlebte ich bei Gebetsspaziergängen oder in ruhigen Stunden zuhause, dass der Herr mir etwas offenbarte. Auch während des Lobpreises oder in Zeiten der Anbetung fordert mich der Herr oft auf, zu kommen oder zu schauen. Mitunter wurde ich mitten in der Nacht hellwach und erhielt einen unerwarteten Einblick in die Himmelswelt. Das sofortige schriftliche Festhalten des Gesehenen und Erlebten war mir sehr wichtig. Die Eindrücke sind nahezu alle direkt im Anschluss von mir aufgeschrieben worden.

Meistens empfand ich, dass sich Jesus direkt, Seite an Seite, neben mir befand. Ich nahm ihn dabei meistens in „normaler“, menschlicher Gestalt wahr, erblickte ihn jedoch auch einige

Male in verherrlichter Gestalt, ähnlich wie es Johannes in der Offenbarung beschreibt.[2]

Er war bei mir, um mir bestimmte Dinge zu zeigen. Ich wusste nie, was auf mich zukommen würde und häufig erklärte er mir, was ich da gerade sah und erinnerte mich an Bibelstellen, die das Gesehene bestätigten.

Die Gespräche und Dialoge, die ich in der geistlichen Realität führte, zumeist mit Jesus, geschahen nicht mit im Natürlichen hörbaren Worten. Sie geschahen von „Geist zu Geist" in einer Art und Weise, in der ich die Antwort Jesu klar und deutlich in meinem Inneren empfing, und zwar mit einer größeren Gewissheit und Klarheit, als wenn ich sie mit meinen natürlichen Ohren gehört hätte.

Manchmal bat Jesus mich auch, mich hinzusetzen und etwas aufzuschreiben, das er mir Wort für Wort diktierte. Einige dieser Diktate sind in diesem Buch enthalten.

Wie Puzzleteilchen

Viele meiner geistlichen Erlebnisse waren zunächst einzelne, losgelöste Eindrücke, die sich erst im Laufe der Jahre zu einem komplexen Gesamtbild zusammenfügten, ähnlich wie dies bei einem Puzzle geschieht. Zu Beginn war jedes Erlebnis wie ein einzelnes Puzzleteilchen, das in keinem erkennbaren Zusammenhang zu den anderen stand. Doch je mehr Teile dazukamen, desto mehr füllte sich das Bild und einzelne Dinge traten zueinander in Beziehung.

2 Offenbarung 1,12-16

Ich weiß, dass auch jetzt noch zahlreiche Puzzleteilchen fehlen und dieses Buch nur einzelne Fragmente zeigen kann – und doch kann man schon etwas vom Gesamtbild erahnen. Und dieses überragende Gesamtbild ist atemberaubend anders, als es unsere begrenzte menschliche Vorstellungskraft zu erfassen vermag. Das, was Gott für uns vorbereitet hat, ist unbeschreiblich genial. Die größten Superlative sind nicht zu gebrauchen, um es auch nur annähernd zu umreißen, sie wirken fade und belanglos. Das, was Gott für uns hat, ist göttlich.

Wenn du dich damit beschäftigst, hat es die Kraft, dein Leben zu verändern.

Siehe, dem HERRN, deinem Gott, gehören die Himmel und die Himmel der Himmel, die Erde und alles, was in ihr ist.
5. Mose 10,14

Vollkommenheit.
Absolute, vollendete Vollkommenheit.

Kein Makel, kein Fehler, keine Alterung, kein Verfall.

Mein Herrschaftsbereich ist Vollkommenheit.
Weißt du, dass das Irdische das Gegenteil von Vollkommenheit ist?
Es ist gefallen. Es ist dem Tode überantwortet.

Vollkommenheit bedeutet, dass nichts fehlt, dass es keinen Mangel gibt.

In meinem himmlischen Jerusalem wird kein Baustein fehlen. Bausteine, das sind Menschen. Errettete Menschen, die ich rufe und die kommen, um in meiner Herrlichkeit vollendet zu werden.

Mein Zion, das ist mein Volk, meine Stadt, meine Kinder, meine Liebe, meine Braut.

Glaube mir: Auf dieser Erde hast du noch nie Vollkommenheit gesehen, doch bei mir wirst du in Ewigkeit über vollendete Vollkommenheit begeistert sein.

(Nach einem Diktat des Herrn)

Wo ist der Himmel?

Ich möchte zu Beginn gerne erläutern, wie ich den Begriff Himmel verstehe und verwende, denn ich glaube, dass dieser Begriff das Potenzial besitzt, sehr missverstanden zu werden.[3]

Mit Himmel bezeichne ich das geistliche Reich Gottes, den Bereich, in dem er allein und uneingeschränkt herrscht, in dem alles auf ihn hin ausgerichtet und fokussiert ist. Gott allein ist die Mitte aller Dinge, alles dient ihm.

Der Himmel ist dort, wo Gott ist.
Wo Gott, der Vater – Jahwe – ist, da ist Himmel.
Wo Gott, der Sohn – Jeschua – ist, da ist Himmel.
Wo Gott, der Heilige Geist – Ruach ha Kodesch – ist, da ist Himmel.

Der Himmel ist die geistliche Realität, die unserer natürlichen Realität übergeordnet ist und sie durchdringt. Der Himmel ist nicht irgendwo „da oben“. Er ist nicht physisch. Der Himmel ist wie eine unser Verstehen übersteigende Dimension, die uns umgibt. Er ist gerade gegenwärtig um uns herum, weder räumlich noch zeitlich gesehen weit entfernt. Er ist real da, umgibt uns, ist jetzt und hier. Deshalb kannst du auch im Gebet zu Gott sprechen. Er ist da, direkt ganz nah bei dir. Da es im Geist keine Entfernung gibt, ist der Himmel nicht im räumlichen Sinn von uns entfernt, sondern lediglich im erkenntnismäßigen Sinn.

3 Die Bibel verwendet das hebräische schamajim und das griechische ouranos jeweils sowohl für den sichtbaren wie auch die unsichtbaren Himmel. Der biblische Begriff hagion bezeichnet die unmittelbare Gegenwart Gottes und seinen Thron. Das Judentum kannte schon zur Zeit des Alten Testamentes eine Mehrzahl von Himmelsräumen (schamajim ist Plural), die im späteren Judentum auf sieben Himmel festgelegt wurde. Diese Zahl entspringt jedoch nicht der Bibel. Paulus spricht in 2. Korinther 12,2 lediglich von einem dritten Himmel.

Dass sie Gott suchen, ob sie ihn vielleicht tastend fühlen und finden möchten, obwohl ***er ja nicht fern ist von jedem von uns****.*
Apostelgeschichte 17,27

Im Matthäusevangelium spricht Jesus 5-mal vom „Reich Gottes" und 32-mal vom „Himmelreich" oder dem „Reich der Himmel". Beide Begriffe sind bedeutungsgleich und bezeichnen den uneingeschränkten Herrschaftsbereich Gottes. Das Reich Gottes ist identisch mit dem Himmelreich. Wo immer die Bibel vom Reich Gottes spricht, können wir genauso Reich der Himmel verwenden. Es ist ein geistliches Reich und dem natürlichen, irdischen Menschen, dem Fleisch, verborgen. Der geistliche Mensch jedoch kann und soll Einblick in die geistliche Welt, in das Himmelreich, haben. Die Bibel fordert uns auf:

Trachtet aber zuerst nach dem ***Reich Gottes*** *und nach seiner Gerechtigkeit!*
Matthäus 6,33a

„Trachten" ist ein aktives Ausstrecken nach etwas. Es ist etwas, was wir tun müssen. Jesus sagt uns, dass wir zuerst, vor allen anderen Dingen, nach dem Reich Gottes, also dem Himmelreich, trachten sollen.

Ebenso wie Johannes der Täufer erklärte Jesus zu Beginn seines Auftretens, dass das Reich der Himmel nahe herbeigekommen ist.[4] Seit unser Herr für uns starb, auferstand und seinen Heiligen Geist sandte, ist das Reich der Himmel jedoch nicht nur nahegekommen, sondern es ist da.

---

4 Matthäus 3,2; 4,17

Hineingeboren in die himmlische Realität

Die meisten Christen denken bei dem Begriff „Himmel" sofort an das ewige Leben bei Gott. Sie gehen davon aus, dass wir als Kinder Gottes in den Himmel kommen … wenn wir einmal tot sind. Der Himmel wird als der Ort angesehen, an den wir nach dem körperlichen Tod gelangen. Grundsätzlich ist dies richtig, aber es ist eine sehr verkürzte Sichtweise, die uns nicht wirklich die Fülle dessen ergreifen lässt, was Gott für uns vorgesehen hat. Nach unserem Tod, wenn wir unser fleischliches Dasein hinter uns lassen, werden wir, sofern wir in einer lebendigen Beziehung zu Jesus standen und er Herr unseres Lebens war, selbstverständlich in den Bereich der Herrschaft Gottes, den Himmel, eingehen.

Doch statt des Begriffes „Himmel" verwende ich für diese „Ewigkeit bei Gott" lieber die Bezeichnung „Vollkommenheit".[5] Sie beschreibt den Zustand, nachdem der natürliche Himmel und die Erde einmal vergangen sein werden, Gott Gericht gehalten hat, satan in Ewigkeit in den Feuersee geworfen ist, Jesus alle Dinge dem Vater übergeben hat und alle widergöttlichen Mächte einschließlich des Todes überwunden sind.[6]

Ich bin der Überzeugung, dass in dem Moment, in dem ein Mensch wiedergeboren wird, im geistlichen Bereich ganz real etwas geschieht, was ihn zu einer neuen Kreatur macht. Diese neue Kreatur ist eine geistliche, himmlische Schöpfung.

---

5 1. Korinther 13,10
6 1. Korinther 15,24-28

Daher, wenn jemand in Christus ist, so ist er eine ***neue Schöpfung****; das Alte ist vergangen, siehe, Neues ist geworden.*
2. Korinther 5,17

Der Christ wird durch seine Wiedergeburt in das geistliche Reich Gottes hineingeboren, in den Herrschaftsbereich Gottes – also in den Himmel. Er hat das Bürgerrecht des Himmels, weil er per Geburt Bürger des Himmels geworden ist.

Denn ***unser Bürgerrecht ist in den Himmeln****, von woher wir auch den Herrn Jesus Christus als Retter erwarten …*
Philipper 3,20

Jeder Christ befindet sich seit seiner Neugeburt in der geistlichen Realität des Himmels. Er ist hineingeboren – und damit in der himmlischen Welt zunächst noch ein Baby. Wie ein natürliches Baby ist er noch weitgehend unbeholfen. Jedes Baby muss lernen, die natürliche Welt, die es umgibt, zu entdecken, zu verstehen und zu erfassen. Es muss lernen, sich in dieser Realität zu orientieren und zu bewegen. Zunächst ist es von den mannigfaltigen Eindrücken, die es umgeben, völlig überfordert und kann kaum etwas damit anfangen. Es beginnt ein Prozess des Erfahrens, Lernens und Erkennens, der dazu führt, dass das Kind immer mehr in die Reife gelangt. Es lernt, sich sicher in der natürlichen Welt zu bewegen, Dinge zu erkennen, entwickelt Verständnis für Zusammenhänge usw.

In der geistlichen Welt ist es exakt genauso. Das geistliche Baby muss lernen, die geistliche Welt, die es umgibt, zu erkennen, zu verstehen und zu erfassen. Es muss lernen, sich in dieser Realität zu orientieren und zu bewegen. Dies geschieht durch einen Prozess des geistlichen Lernens und Heranreifens, der dazu führt, dass der Christ immer mehr in die geistliche Reife gelangt. Er lernt sich sicher in der geistlichen Welt zu bewegen und gewinnt ein Verständnis davon, was diese Welt für uns bereithält.

... bis wir alle hingelangen zur Einheit des Glaubens und der Erkenntnis des Sohnes Gottes, zur vollen Mannesreife, zum Maß der ***vollen Reife*** *Christi.*
Epheser 4,13

... zu erkennen die die Erkenntnis übersteigende Liebe des Christus, damit ihr erfüllt werdet zur ***ganzen Fülle*** *Gottes.*
Epheser 3,19

Durch die geistliche Neugeburt entsteht etwas vollkommen Neues. Der Heilige Geist nimmt in dem Menschen Wohnung und lebt nun ganz real in ihm. Der Heilige Geist ist Gott – und wo Gott ist, da ist der Himmel.

In der Erkenntnis wachsen

Leider erkennen zahlreiche Christen dies nicht und bleiben für das Leben in der geistlichen Dimension im Kleinkind-Stadium stecken. Sie wachsen nicht in die eigentliche Fülle und Reife hinein, die Gott für sie vorgesehen hat. Ihre Augen bleiben auf das Natürliche, Irdische, Weltliche und menschlich Nachvollziehbare fokussiert und sie entwickeln kaum ein Verständnis für die Realität der geistlichen Welt und ihre eigene Position darin.

Der teufel versucht mit aller Gewalt, Christen im geistlichen Babyalter festzuhalten. Er fürchtet Wachstum und hasst es, wenn Nachfolger Jesu beginnen im Geist zu wandeln. Weil das Verständnis über die Wirkungsweise des Reiches Gottes, des Himmelreiches, eine gewaltige geistliche Dynamik und Macht besitzt, hat er sehr viel daran gesetzt, dies zu verschleiern, lächerlich zu machen und als religiöse Spinnerei abzutun.

Bedauerlicherweise haben viele Christen ein durch die teuflische Propaganda ins Lächerliche pervertierte Bild des Himmels voll Harfenspielen, Sitzen auf der Wolke und dem endlosen Singen von Lobliedern vor Augen. Gekleidet in ein weißes Nachthemd und womöglich mit Flügeln versehen, bietet ihnen der Himmel vor allem eines: Langeweile. Doch das ist völliger Wahnsinn! Nichts ist weiter von der Wahrheit entfernt. Der Himmel ist über alles Verstehen genial. Er ist völlig „abgefahren". Unser irdisches Dasein wirkt farblos, unsagbar beschränkt und eingegrenzt gegenüber dem, was der Himmel bietet.

Den Unterschied kannst du dir verdeutlichen, wenn du dir vorstellst, was ein Baby im Mutterleib erlebt. Es lebt und wächst heran, aber das Dasein ist absolut eingeschränkt. Es hat keinerlei Vorstellungskraft von dem, was das eigentliche Leben bietet. Es erhält alle notwendige Versorgung, doch das Umfeld ist dunkel und eng. Das Baby könnte sich selbst bei aller Anstrengung und bestem Willen keine Farben, Formen, Gerüche, Texturen usw. vorstellen. Es weiß nichts von Sonnenuntergängen, Schmetterlingen, dem Frühlingswind und den Farben des Herbstwaldes. Es ist ihm völlig verborgen, absolut unverständlich. Genauso übersteigt die geistliche Welt unsere irdische, fleischliche Wirklichkeit. Wir können uns fleischlich das, was Gott für uns geistlich vorbereitet hat, schlichtweg nicht vorstellen. Es übersteigt unseren Horizont und all unsere Erfahrung in dieser gefallenen Schöpfung. Doch Gott, durch dessen Geist wir als neue Kreatur in ein neues Leben hineingeboren wurden – und durch den wir sozusagen die Zeit im Mutterleib hinter uns gelassen haben – will uns in unser neues geistliches Leben hineinwachsen lassen. Er will uns die Herrlichkeit und die Dimension der geistlichen Realität offenbaren – und zwar hier und jetzt.

satan jedoch versucht unseren Blick mit allen ihm zur Verfügung stehenden Mitteln von unserem unvorstellbar faszinierenden und erfüllenden geistlichen Leben, unserem Zuhause, wegzulenken auf die Belanglosigkeiten dieser Welt, auf das Natürliche und Irdische. Er versucht unseren Blick zu fesseln und uns im Fleischlichen festzuhalten. Immer und immer wieder gelang es ihm, das Volk Gottes zu berauben, indem dieses den Blick auf das Irdische und Menschlich-Machbare fokussierte und die geistliche, himmlische Komponente an den Rand der Wahrnehmung drängte.

Doch wie sehr sind wir beraubt, wenn wir glauben, dass wir als Christen nur auf die menschlichen, irdischen, körperlichen Möglichkeiten beschränkt sind und das Reich Gottes, der Himmel, etwas ist, was uns erst in ferner Zukunft erwartet. Wie sehr sind wir betrogen, wenn biblische Aussagen aufgrund eines beschränkten „Mutterleib-Verständnisses" rationalistisch wegargumentiert werden und man behauptet, dass diese nicht für uns oder für unsere Zeit gelten würden.

Vater, ich will, dass die, welche du mir gegeben hast, auch bei mir seien, wo ich bin, ***damit sie meine Herrlichkeit schauen****, die du mir gegeben hast …*
Johannes 17,24

Blind für die geistliche Realität

Viele Christen leben in der geistlichen Welt leider wie Blinde, denn fleischliche Augen und irdisches Verständnis taugen nicht dazu, um die geistliche Realität zu erkennen. Denke einmal kurz darüber nach. Blinde kennen Farben nicht, Schattierungen, Lichtreflexe, die unglaublichen Farbspiele des Wolkenhimmels und vieles mehr, ganz ähnlich wie das Baby im Mutterleib. Man berichtet ihnen vielleicht davon, aber es ist ihnen verwehrt, es zu sehen. Ist jemand blind geboren, so kann er sich noch nicht einmal vorstellen, was das ist, was man ihm erzählt, es bleibt ihm völlig unvorstellbar. Und doch befindet sich der blinde Mensch inmitten einer realen, echten und wirklichen Welt. Sie ist da und umgibt ihn von allen Seiten, er lebt darin, er bewegt sich darin – nur sehen kann er sie nicht.

Genauso ist es auch mit der geistlichen Wirklichkeit. Doch Blindheit ist nicht das, was Gott für seine Kinder vorgesehen hat. Wie wollen wir siegreich ein Schwert des Geistes benutzen, wenn wir in der Welt des Geistes nichts sehen können? Ein Blinder mit einem noch so scharfen Schwert ist für einen Gegner, der sehen kann, jederzeit leicht zu überwinden. Die bekannte Stelle der geistlichen Waffenrüstung in Epheser 6,10-17 spricht von unserem „Kampf in der Himmelswelt“. Deshalb werden wir ein Leben in der Niederlage führen, wenn unser geistlicher Blick nicht offen und klar ist.

Wenn das Wunder geschieht und ein Blinder das Augenlicht erhält, sieht er plötzlich all die Dinge um sich herum, er erkennt sie. Er nimmt Dinge wahr, die er vorher nur ansatzweise erahnen konnte und die doch die ganze Zeit über real vorhanden waren.

Die gute Nachricht ist, dass der Heilige Geist unsere Augen öffnen will, damit wir in die himmlische Dimension hineinsehen und uns darin bewegen können. Gott will uns eine Realität offenbaren, die wir bisher nur ansatzweise erkannt und erahnt haben. Paulus schrieb an die Korinther:

Was kein Auge gesehen und kein Ohr gehört hat und in keines Menschen Herz gekommen ist, was Gott denen bereitet hat, die ihn lieben. ***Uns aber hat Gott es offenbart durch den Geist****, denn der Geist erforscht alles, auch die Tiefen Gottes.*
1. Korinther 2,9-10

Erinnerst du dich an die Geschichte von Elisa, als er von einer Heeresmacht des feindlichen Königs von Aram gefangengenommen werden sollte?

Und als der Diener des Mannes Gottes früh aufstand und hinausging, siehe, da umringte ein Heer die Stadt und Pferde und Kriegswagen. Und sein Diener sagte zu ihm: Ach, mein Herr! Was sollen wir tun? Er aber sagte: Fürchte dich nicht! Denn zahlreicher sind die, die bei uns sind, als die, die bei ihnen sind. Und Elisa betete und sagte: ***HERR, öffne doch seine Augen, dass er sieht! Da öffnete der HERR die Augen des Dieners, und er sah****. Und siehe, der Berg war voll von feurigen Pferden und Kriegswagen um Elisa herum.*
2. Könige 6,15-17

Dies ist ein sehr interessantes Beispiel dafür, wie das Geistliche ins Natürliche hineinreicht und wie der Prophet Elisa das sehen konnte, was dem eher fleischlich gesinnten Diener verborgen war. Elisas Diener Gehasi bekam auf dessen Gebet hin die Augen für die Wirklichkeit der geistlichen Welt geöffnet. Sie war die ganze Zeit über real vorhanden, doch er vermochte sie nicht wahrzunehmen. An der eigentlichen, faktischen Situation veränderte sich überhaupt nichts, er konnte lediglich mit einem Mal das sehen, was seinen irdischen Augen bisher verborgen war. Das, was sich veränderte, war seine Sehfähigkeit und damit sein Verständnis. Elisa, als geistlicher Mensch, hatte einen freien Blick und konnte die Kampfsituation in der geistlichen Dimension wahrnehmen.

Dem infamen Bileam ging es Jahrhunderte zuvor ganz ähnlich:

Da ***enthüllte der HERR die Augen Bileams****, und er* ***sah*** *den Engel des HERRN mit seinem gezückten Schwert in seiner Hand auf dem Weg stehen.*
4. Mose 22,31a

Das Reich Gottes sehen

In dem uns überlieferten nächtlichen Gespräch zwischen Jesus und Nikodemus, einem der jüdischen religiösen Spitzenpolitiker der damaligen Zeit, sagte Jesus:

Wahrlich, wahrlich, ich sage dir: Wenn jemand nicht von Neuem geboren wird, kann er das ***Reich Gottes*** *nicht* ***sehen****.*
Johannes 3,3

Jesus verknüpfte die Neugeburt unmittelbar mit der Fähigkeit, das Reich Gottes sehen (!) zu können. Ohne Neugeburt besitzen wir nicht die geistliche Fähigkeit, den übernatürlichen Bereich des Reiches Gottes zu erkennen oder auch nur wahrzunehmen. Das ist leicht nachvollziehbar, denn ohne eine neue – geistliche – Kreatur geworden zu sein, besitzt niemand von uns Zugang zum – geistlichen – Reich Gottes. Interessant ist, dass diese Aussage im Umkehrschluss auch bedeutet, dass all diejenigen, die von Neuem geboren sind, das Reich Gottes sehen können. Jeder wiedergeborene Christ besitzt das Potenzial, in den übernatürlichen Bereich des Königreiches blicken zu können.

Ich glaube, dass mit „sehen" hier tatsächlich Sehen gemeint ist, echtes Hineinblicken in die himmlische Realität. Durch unsere geistliche Neugeburt besitzen wir das Recht, die geistliche Welt unmittelbar wahrzunehmen und zu erkennen. Diese geistliche Wahrheit ist äußerst umkämpft, denn der feind fürchtet Nachfolger Jesu, die mit geöffneten Augen in der geistlichen Dimension vorangehen, anstatt mit fleischlichen Mitteln im Natürlichen das Reich Gottes zu bauen versuchen.

*Wenn ich euch das **Irdische** gesagt habe, und ihr glaubt nicht, wie werdet ihr glauben, wenn ich euch das **Himmlische** sage?*
Johannes 3,12

Geöffnete Augen

Wenn wir nur das Natürliche zu sehen vermögen, haben wir das, was Gott für uns vorgesehen hat, noch nicht erlangt. Gott hat viel mehr für uns, als wir uns vorstellen können. Durch den

Glauben können wir unser geistliches Erbe antreten, unser geistliches Land in Besitz nehmen und mit erleuchteten Augen des inwendigen Menschen den himmlischen Bereich entdecken. Wir alle können lernen, uns in der himmlischen Welt zu bewegen.

Dazu müssen wir verstehen: Es gilt für uns! Es betrifft uns! Es ist real! Das Leben in der geistlichen Realität des Himmels sollte für uns genauso selbstverständlich sein wie das normale Leben im Natürlichen. Wenn dies nicht der Fall ist, dann deshalb, weil unsere Augen des Herzens noch nicht in ausreichendem Maße erleuchtet sind.

Er erleuchte die Augen eures Herzens, *damit ihr wisst, was die Hoffnung seiner* ***Berufung***, *was der Reichtum der Herrlichkeit seines* ***Erbes*** *in den Heiligen und was die überragende Größe seiner* ***Kraft*** *an uns, den Glaubenden, ist …*
Epheser 1,18-19

Gott will unsere Augen öffnen, unseren inneren Menschen erleuchten und uns Verständnis für ein Leben in der geistlichen Dimension geben. Er will, dass wir unsere Heimat, den Himmel, entdecken.

Was ich in der deutschen Sprache dabei interessant finde, ist das Wort „entdecken". Es trifft den wesentlichen Sachverhalt wirklich punktgenau. „Ent-decken" bedeutet etwas auf-decken, also die Decke zu entfernen, die es verhüllt hatte. Die Decke ist das, was dich begrenzt, dir die Sicht nimmt, dich geistlich nicht sehen lässt. Die Decke ist es, was die geistliche Blindheit verursacht.

In einer wunderbaren Passage im 2. Korintherbrief schreibt Paulus über die geistliche Verblendung der Juden hinsichtlich der Erkenntnis des Neuen Bundes:

*Aber ihr **Sinn** ist verstockt worden, denn bis auf den heutigen Tag bleibt dieselbe **Decke** auf der Verlesung des Alten Testaments und wird nicht **aufgedeckt**, weil sie nur in Christus beseitigt wird. Aber bis heute, sooft Mose gelesen wird, liegt eine **Decke** auf ihrem Herzen. Dann aber, wenn es sich zum Herrn wendet, wird die **Decke** weggenommen.*
2. Korinther 3,14-16

Die Decke wird dann weggenommen werden, wenn das Volk Israel sich dem Herrn zuwendet. Diese Aussage gilt ganz ähnlich auch für uns als Christen und eigentlich für jeden Menschen. Wenn sich eine Person dem Herrn zuwendet, wird er jede Decke wegnehmen, die ihr Herz bedeckt, auch die Decke, die uns als Kinder Gottes davon abhält, die geistliche Realität des Himmels wahrzunehmen und zu ent-decken. Er wird uns die Augen öffenen und uns klare geistliche Sicht schenken. In den direkt darauf folgenden Versen schreibt Paulus:

*Der Herr aber ist der Geist; wo aber der Geist des Herrn ist, ist Freiheit. **Wir alle aber schauen mit aufgedecktem Angesicht die Herrlichkeit des Herrn** an und werden so verwandelt in dasselbe Bild von Herrlichkeit zu Herrlichkeit, wie es vom Herrn, dem Geist, geschieht.*
2. Korinther 3,17-18

Ist das Realität in deinem Leben? Schaust du tatsächlich die Herrlichkeit des Herrn? Kannst du sie sehen? Hast du eine echte geistliche Offenbarung darüber? Paulus schreibt hier nicht in Zukunftsform. Es geht um jetzt und heute, nicht um „Dermaleinst im Paradies". Und er schreibt auch nicht, dass dies nur etwas für ein paar geistliche Supermänner ist, sondern er sagt: „Wir alle".[7]

Mit aufgedecktem Angesicht, ohne alles, was uns die Sicht verhüllt, ohne Decke und ohne Schleier, sollen wir die Herrlichkeit Gottes sehen, also in den geistlichen Bereich hineinblicken können. Das führt laut Paulus dazu, dass wir verwandelt und Jesus immer ähnlicher werden, was das aufrichtige Herzensverlangen jedes wahren Gläubigen ist. Das ist es auch, was Paulus als Freiheit bezeichnet. Es ist eine Freiheit, die uns aus der irdischen, natürlichen Begrenzung heraus befreit und uns die geistliche Wirklichkeit erkennen lässt.

*Denn Gott … ist es, der in unseren Herzen aufgeleuchtet ist zum Lichtglanz der **Erkenntnis der Herrlichkeit Gottes** im Angesicht Jesu Christi.*
2. Korinther 4,6

Was tat Jesus?

Jesus sagte immer wieder von sich, dass er nur das tun würde, was er den Vater tun sah. Er lebte in völliger Erkenntnis der geistlichen Wirklichkeit, er erkannte in der himmlischen Dimension, was der Vater tun wollte und setzte es in der natürlichen Welt frei.[8]

*Ich rede, **was ich bei dem Vater gesehen** habe …*
Johannes 8,38

7 Im Teil 3 dieses Buches: „Deine eigene Entdeckungsreise" gebe ich dir einige Hinweise, wie du selbst in diesem Bereich weiter vorangehen kannst.

8 Zum Beispiel in Johannes 5,19+30; 15,15

Unser einziges Vorbild für Gott wohlgefälliges Tun und Handeln ist niemand anderes als Jesus selbst. Er kam in diese gefallene Welt, aber er wurde durch sie weder geprägt noch beeinflusst. Er ließ sich durch die Gedanken, Ideen, Ziele und Wertvorstellungen dieser Welt nicht führen und verführen, sondern tat nur das, was ihm der himmlische Vater sagte, zeigte, lehrte und offenbarte. Das allein war es, was ihn vorantrieb und sein Handeln prägte. Er sagte sogar, dass er gar nichts aus sich selbst heraus tun könnte.

Das gilt auch für uns. Es ist die einzige Art, wie wir das Reich Gottes bauen können. Wir empfangen ganz real von Gott etwas in der geistlichen Dimension – vorbereitete Werke – und setzen diese dann im Natürlichen um.

Denn wir sind sein Gebilde, in Christus Jesus geschaffen zu ***guten Werken****, die Gott* ***vorher bereitet*** *hat, damit wir in ihnen wandeln sollen.*
Epheser 2,10

Der Himmel ist um dich herum

Gott sagte mir mehrfach: „Der Himmel ist offen!“ Es gibt keine Trennung mehr. Es ist so, wie Jürgen Werth einst dichtete: „Der Himmel ist nicht oben, seit Jesus ist er hier. Die Grenzen sind verschoben, geöffnet ist die Tür.“ Als Kind Gottes sollst du dich Gott nahen, darfst du dich Gott nahen und kannst du dich ihm nahen. Und zwar hier und heute! Es gilt für jetzt und es gilt für dich.

Der Himmel ist nicht fern von dir. Er ist weder räumlich noch zeitlich unerreichbar, sondern er ist da, direkt um dich herum. Dein ganzes Dasein ist darin eingebettet. Die geistliche Welt um dich herum ist genauso real wie die natürliche.

Als wiedergeborene Menschen sind wir „Bürger zweier Welten". Wir leben in beiden Dimensionen, Sphären, Realitäten, Ebenen, Welten, Bereichen, Wirklichkeiten. Wir leben zu 100% im Natürlichen wie auch zu 100% im Geistlichen. Wir sind Menschen, die noch in dieser natürlichen Welt leben und die gleichzeitig nicht von dieser Welt sind.[9]

Gott lebt durch seinen Heiligen Geist in uns. Wir sind sein Wohnort. Und wir bewegen uns in der geistlichen Dimension, ganz unabhängig davon, ob wir dies realisieren oder nicht und ob uns dies gefällt oder nicht. Wir sind versetzt in das geistliche Reich Gottes, wir leben in seinem Herrschaftsbereich.

*Er hat uns … **versetzt** in das Reich des Sohnes seiner Liebe.*
Kolosser 1,13

Bitte beachte, dass es nicht heißt, dass er uns irgendwann einmal in dieses Reich versetzen wird, sondern dass er dies bereits getan hat. Dort, wo wir sind, ist das Reich Gottes gegenwärtig. Das Himmelreich ist dort, wo der Herrschaftsbereich Gottes ist, in jedem einzelnen Menschen, der wiedergeboren ist, der ihm sein Leben ausgeliefert hat, in dem der Geist Gottes wohnt. Jedes seiner Kinder ist ein Himmelsbürger und dies gilt nicht nur im übertragenen, theologischen Sinn, sondern ganz real und ganz praktisch. Er lebt bereits im Himmel.

---

9 Johannes 17,15-16

*Denn durch ihn haben wir beide durch einen Geist den Zugang zum Vater. So seid ihr nun nicht mehr Fremde und Nichtbürger, sondern ihr seid **Mitbürger** der Heiligen und **Gottes Hausgenossen**.*
Epheser 2,18-19

Eine unmissverständliche Anordnung

Das Wort Gottes hält eine oft übersehene Anweisung für uns bereit. Es fordert uns auf:

***... sucht, was droben ist**, wo der Christus ist, sitzend zur Rechten Gottes!*
Kolosser 3,1

Gott möchte, dass wir tun, was dieser Vers sagt. Wir sollen den Bereich suchen, wo Jesus ist – auf dem Thron, im Himmel. Suchen ist aktiv. Wir haben es zu tun, wir müssen uns aufmachen, in Bewegung kommen. Es fällt uns nicht einfach zu. Suchen kann mühsam sein. Aber für denjenigen, der sucht, hat die Bibel immer wieder die Verheißung bereit, dass er finden wird.[10]

Im nächsten Vers heißt es:

Sinnt auf das, was droben ist, nicht auf das, was auf der Erde ist!
Kolosser 3,2

Diese Aussage ist noch deutlicher. Wir sollen als Christen unsern Sinn nicht auf das richten, was auf der Erde ist.

10 Zum Beispiel in 5. Mose 4,29; Jeremia 29,13; Matthäus 7,7-8; Apostelgeschichte 17,27-28

Sinnen bedeutet: sich damit beschäftigen, darüber nachdenken, es in sich leben lassen, sich danach ausstrecken, es begehren. Wir sollen über die Dinge dieser Erde, das Irdische, das Weltliche eigentlich noch nicht einmal nachdenken oder uns intensiv damit beschäftigen. Ich muss gestehen, dass ich keinen Christen kenne, der dies wirklich tut, mich eingeschlossen. Sind wir nicht alle wie gefangengenommen von diesem Weltsystem? Viele Christen denken in der gleichen Art wie alle anderen Menschen dieser Erde um sie herum. Sie sinnen in der gleichen Weise. Sie machen sich die gleichen Sorgen, haben die gleichen Ängste und beurteilen die gesellschaftlichen und politischen Entwicklungen in der gleichen Weise wie all die Unerretteten um sie herum. Doch Gott fordert uns auf:

Seid nicht gleichförmig dieser Welt, sondern werdet verwandelt durch die Erneuerung des ***Sinnes ...***
Römer 12,2a

Nach dem zu sinnen, was droben ist, bedeutet, sich nach dem Zentrum aller Dinge, dem Thron Gottes, dem himmlischen Thronsaal, auszurichten, sich darauf zu fokussieren und sich danach auszustrecken. Christus sitzt zur Rechten des Vaters auf dem Thron der Herrlichkeit und genau das haben wir zu suchen und darüber nachzusinnen. Wir haben nicht so zu denken, wie alle Welt um uns herum. Die Bibel untersagt es uns. Stattdessen fordert sie uns auf, das Himmlische zu suchen, das Göttliche, das Übernatürliche. Was hindert uns eigentlich daran?

Wir aber haben Christi ***Sinn****.*
1. Korinther 2,16

Wandel im Geist

Die geistliche Dimension können wir nur durch Glauben wahrnehmen, sie nur mit den Augen des Herzens erkennen.

Denn wir wandeln durch ***Glauben****, nicht durch Schauen.*
2. Korinther 5,7

Die Bibel nennt den Glauben eine Wirklichkeit. Und zwar von etwas, was nicht sichtbar ist. Glaube ist die Substanz der himmlischen Realität. Schauen ist gemäß dem Fleisch, Glauben ist gemäß dem Geist. Glaube ist keine Einbildung, sondern die Wahrnehmung der unsichtbaren geistlichen Realität.

Der ***Glaube*** *aber ist eine* ***Wirklichkeit*** *dessen, was man hofft, ein Überführtsein von Dingen, die man nicht sieht.*
Hebräer 11,1

Die geistliche Welt ist unvergänglich, sie ist ewig, sie ist die Basisrealität. Das, was wir im Geist erleben, ist eigentlich die reale Wirklichkeit. Wir bilden uns nichts ein, wenn wir nach dem Glauben leben. Es ist real.

Wenn wir durch den Geist leben, so lasst uns durch den Geist wandeln!
Galater 5,25

Gott möchte, dass wir als von Neuem geborene Menschen, als neue Kreaturen, als Wesen, die eins mit Christus sind, die ein Tempel des Heiligen Geistes sind, in all dem leben, was Jesus für uns errungen hat. Er möchte die Augen unseres Herzens erleuchten und uns Offenbarung der geistlichen Welt geben. Er möchte, dass wir ins himmlische Allerheiligste hineintreten.

Hinzutreten zum Thron der Gnade

Lasst uns nun mit Freimütigkeit ***hinzutreten zum Thron der Gnade …***
Hebräer 4,16

Der Hebräerbrief spricht hier vom Allerheiligsten. Mit „Thron der Gnade" ist die von zwei Cherubim beschirmte Deckplatte der aus Holz gebauten, vergoldeten Bundeslade gemeint, die sich im Allerheiligsten der Stiftshütte und später des Tempels befand. Sie wurde „Gnadenthron" genannt. Es ist der Ort, an dem Gott auf dieser Erde thronte, ein irdisches Abbild der himmlischen Realität. Das Allerheiligste war ein Raum, in dem es kein natürliches Licht gab und in dem die Lade des Bundes stand.

Da wir nun, Brüder, durch das Blut Jesu Freimütigkeit haben zum ***Eintritt in das Heiligtum****, den er uns eröffnet hat als einen neuen und lebendigen Weg durch den Vorhang das ist durch sein Fleisch , und einen großen Priester über das Haus Gottes, so lasst uns* ***hinzutreten*** *mit wahrhaftigem Herzen in voller Gewissheit des Glaubens, die Herzen besprengt und damit gereinigt vom bösen Gewissen und den Leib gewaschen mit reinem Wasser.*
Hebräer 10,19-22

Zur Zeit des Alten Bundes betrat nur ein einziges Mal während des gesamten Jahres ein Mensch das Allerheiligste, das geistliche Oberhaupt des Volkes, der amtierende Hohepriester am Großen Versöhnungstag – Yom Kippur. Mit Blut, Räucherwerk und glühenden Kohlen – sie waren das Einzige, was ein wenig natürliches Licht spendete – durfte er sich hinter den Vorhang begeben, in Gottes Herrlichkeit, die Schekina,[11] eintreten und sich dem Gnadenthron nahen. Für die Sünden des gesamten Volkes brachte er in einer hochheiligen Zeremonie Blut als Opfer zur Versöhnung dar. Yom Kippur ist die Feier der Versöhnung mit Gott. Es ist der Tag des Eintritts in die Herrlichkeit des Herrn. An diesem Tag durfte sich ein Mensch von Angesicht zu Angesicht Gott nahen und hinter den Vorhang treten.

Doch als Jesus am Kreuz für uns starb, zerriss Gott genau diesen Vorhang. Er wurde komplett von oben nach unten zerteilt. Das Allerheiligste stand plötzlich offen, die Trennung war verschwunden. Zur Zeit Jesu war dieser Vorhang, der das Heiligste vom Allerheiligsten trennte, nicht einfach ein Stück Stoff. Es handelte sich eher um einen gigantischen, zentimeterdicken Teppich, der so schwer war, dass er nur mit speziellen Seilwinden so weit bewegt werden konnte, dass der Hohepriester dahinterschlüpfen konnte. Nur Gott allein konnte ihn zerreißen.

Seitdem der Tempelvorhang vor fast 2.000 Jahren im Natürlichen zerrissen wurde – und zwar von oben, von Gottes Seite aus – gilt im Geistlichen, dass der Weg zum Thron der Gnade frei ist. Die Kinder Gottes im Neuen Bund haben freien Zutritt ins Allerheiligste, sie haben direkten Zugang zu Gott. Es gibt keine Trennung mehr. Der Weg ist frei, wir können jederzeit direkt vor Gottes Thron treten.

Es ist wichtig, dass du verstehst, dass dies nicht nur im theologisch-übertragenen Sinne gilt, sondern ganz real ist.

11 Der Begriff Schekina beschreibt die „Einwohnung Gottes" in der natürlichen Welt. Das Wort leitet sich vom hebräischen schakan ab: sein Lager aufschlagen, sich niederlassen. Die Präsenz Gottes auf der Erde wurde im Judentum schon zur Zeit des Alten Testamentes als Zelten, Wohnen und Lagern verstanden, so auch in der Stiftshütte und dem Tempel. Es ist die sichtbare Anwesenheit Gottes inmitten von Raum und Zeit, eine Offenbarung seiner Herrlichkeit in unserer natürlichen Welt, in der Regel als Lichtschein oder strahlende Wolke wahrgenommen, zum Beispiel bei der Verklärung Jesu.

Der Weg zum himmlischen Thronsaal ist frei. Der Schleier ist weggenommen. Wir können uns Gott nahen. Voller Zuversicht. Voller Kühnheit. Wir können in den Bereich der himmlischen Realität hineintreten. Die Tür zum Himmel ist offen.

Der Schreiber des Hebräerbriefes bringt es unmissverständlich auf den Punkt:

Denn ihr seid nicht gekommen zu etwas, das betastet werden konnte … sondern ihr seid gekommen
zum ***Berg Zion***
und zur ***Stadt des lebendigen Gottes****,*
dem ***himmlischen Jerusalem****;*
und zu ***Myriaden von Engeln****, einer* ***Festversammlung****;*
und zu der Gemeinde der ***Erstgeborenen****, die in den Himmeln angeschrieben sind;*
und zu ***Gott****, dem Richter aller;*
und zu den ***Geistern*** *der vollendeten Gerechten;*
und zu ***Jesus****, dem Mittler eines neuen Bundes;*
und zum ***Blut*** *der Besprengung, das besser redet als das Blut Abels.*
Hebräer 12,18-24

Das ist es, wohin du durch deine geistliche Neugeburt gekommen bist. Das ist deine Heimat. Das ist dein geistliches Leben, dein Erbe, das du in Anspruch nehmen kannst und sollst.
Das ist der Bereich der Königsherrschaft Jesu, in dem du dich bewegen darfst. Du sollst an den Gnadenthron herantreten, den Ort der manifesten Gegenwart Gottes, mitten in das himmlische Allerheiligste. Mit anderen Worten: Du darfst dorthin gehen, wo Gott tatsächlich zu finden ist.

Eingesetzt im Himmel

Auch der Epheserbrief gibt uns Einblick in die Himmelswelt. Die Begriffe Himmel und Himmelswelt kommen diverse Male vor. Er zeigt uns, was Jesus für uns errungen hat. In ihm sind wir mit allen himmlischen Ressourcen gesegnet. Dort heißt es:

Gepriesen sei der Gott und Vater unseres Herrn Jesus Christus! Er hat uns ***gesegnet mit jeder geistlichen Segnung in der Himmelswelt*** *in Christus.*
Epheser 1,3

Er hat die Segnungen der Himmelswelt für uns vorbereitet, damit er sie durch uns dieser sterbenden Welt reichen kann und sein Reich – das Himmelreich – sich immer mehr ausbreitet. Es heißt nicht, dass er uns irdische und natürliche Segnungen in der irdischen und natürlichen Welt geschenkt hat. Diese Segnungen sind im Himmel. Es sind geistliche Segnungen und sie sind unsagbar kostbarer als natürliche Segnungen. Wir müssen sie aktiv in Empfang nehmen, ergreifen, um sie zur Ehre Gottes einsetzen zu können. Johannes der Täufer sagte:

Ein Mensch kann nichts ***empfangen****, auch nicht eins, es sei ihm denn aus dem* ***Himmel*** *gegeben.*
Johannes 3,27

Wie gesagt: Du musst verstehen, dass dies für jetzt gilt und dass es für dich gilt. Wenn du wiedergeborener Christ bist, dann bist du bereits jetzt gesegnet mit jeder geistlichen Segnung in der Himmelswelt. Es ist wahr. Es ist real. Es ist da für dich! Doch Empfangen ist aktiv. Du musst dich aufmachen und losgehen, um die Segnungen des Himmels zu ergreifen. Wenn du es bis jetzt noch nicht ergriffen hast, kühn in den geistlichen Bereich hineinzugehen, dann ist dies kein Grund, weiterhin zu zögern. Wende dich heute an den Heiligen Geist und bitte ihn, dass er dich auf deine persönliche Entdeckungsreise mitnimmt. Denn du bist bereits eingesetzt in der Himmelswelt:

Gott aber, der reich ist an Barmherzigkeit, hat … uns, die wir in den Vergehungen tot waren, mit dem Christus lebendig gemacht. … Er hat uns ***mitauferweckt*** *und* ***mitsitzen lassen in der Himmelswelt*** *in Christus Jesus.*
Epheser 2,4-6

Der Himmel ist meine Wohnstatt, er ist mein. Alles im Himmel dient zur Ehre Gottes, verherrlicht ihn, ist zu ihm hin.

Gott der Vater, Gott der Sohn und Gott der Heilige Geist sind der Himmel. Sie sind der Inbegriff alles Schönen, Erstrebenswerten, Guten, Erfreulichen, Wertvollen, Wichtigen, Ewigen.

Der Himmel ist nicht ein räumlicher Bereich, denn er ist so groß wie Gott – unbegrenzt. Der Himmel ist die Realität, die da ist. Sie durchdringt diese irdische Schöpfung, doch die Schöpfung sieht sie nicht, erkennt sie nicht, erfasst sie nicht. Es ist die Realität, die ewig bleibt. Der Himmel ist da.

Menschen, in denen mein Geist lebt, die leben in der himmlischen Realität. Viele von ihnen wissen es nicht, bemerken es nicht, verstehen es nicht. Und doch leben sie im Geist in der Realität Gottes und im Fleisch im Natürlichen auf der Erde. Jedes meiner Kinder lebt in zwei Welten und ich möchte, dass jedes meiner Kinder dies weiß und sich ausstreckt danach, Dinge in der geistlichen Welt zu sehen.

Weil viele meiner Kinder so sehr auf das Natürliche schauen, den Blick gebannt und gefesselt, vermögen sie nicht, das zu sehen, was die himmlische Realität um sie herum bereithält.

Doch wer mich bittet, dem werde ich die Augen öffnen, dem werde ich den Schleier wegnehmen und er wird Dinge sehen, die sein Leben reich machen werden, reich an Weisheit und Erkenntnis, an Kraft, an Segen, an guten Dingen, die er anderen weitergeben kann.

Das Himmelreich ist nahe herbeigekommen – dies gilt immer dort, wo Menschen im Geist sind, geistlich sehen, geistlich handeln.

Mein Geist ist in meinen Kindern, um ihnen den Himmel zu offenbaren, meinen Herrschaftsbereich, ihre Heimat, ihr Zuhause, ihren wahren Lebensbereich – und nicht, um ihnen ihr natürliches, irdisches Leben erträglicher zu machen.

Der Himmel ist da, wo ich bin, wo der Vater ist, wo mein Geist ist.
Der Himmel ist in jedem, der von Neuem geboren wurde.
Der Himmel ist jetzt!
Jetzt und bis in alle Ewigkeit.

Strecke dich danach aus, zu sehen, was dir zusteht. Du lebst bereits darin.

Öffne die Augen deines Herzens. Öffne sie und siehe, was ich für dich bereitet habe.

Ich warte auf dich.

(Nach einem Diktat des Herrn)

Der richtige Blickwinkel

Trotz aller eindeutigen biblischen Hinweise wird das Interesse am Bereich des Übernatürlichen und an der geistlichen Welt von manchen Christen pauschal als gefährlich und fragwürdig angesehen. Es haben sich zweifellos viele falsche, unbiblische Machenschaften und Weltanschauungen in unserer Gesellschaft ausgebreitet. Treue Christen, die mit zweifelhaften Praktiken nichts zu tun haben wollen, haben dies so scharf und entschieden abgelehnt, dass sie nahezu jede übernatürliche Erfahrung verunglimpfen. Doch das Volk Gottes darf dieses Feld nicht dem feind überlassen, nur weil sich zeigt, dass er hier aktiv ist. Wir dürfen uns nicht furchtsam zurückziehen; das wäre eine gigantische Unterlassungssünde. Wir müssen verstehen, was uns als Kindern des lebendigen Gottes, als Königen und Priestern, zusteht, was uns in Christus rechtmäßig gehört und was unser himmlischer Vater von uns erwartet.

Ihr aber seid ein auserwähltes Geschlecht, ein königliches Priestertum, eine heilige Nation, ein Volk zum Besitztum, damit ihr die Tugenden dessen verkündigt, der euch aus der Finsternis zu seinem wunderbaren Licht berufen hat.
1. Petrus 2,9

Manche Christen strecken sich aus Angst, aus Unsicherheit oder aus Verblendung tragischerweise nicht nach der Fülle dessen aus, was Gott für sie vorbereitet hat. Sie fürchten, als zu emotional oder als unnüchtern zu gelten. Jedoch ist das Un-nüchternste, was man als Christ machen kann, sich nur auf seine eigene Erfahrung und seine beschränkte Erkenntnis zu verlassen. Einblick in die himmlische Dimension und ein

Verständnis für die geistliche Wirklichkeit zu haben, ist der beste Schutz vor Verführung und Verblendung. Es ist der beste Schutz davor, von den Sorgen dieser Welt und dem Betrug des Reichtums gefangen genommen zu werden.

Die Beschäftigung mit der himmlischen Realität – mit dem, was droben ist – ist von größter Bedeutung für uns. Denn es lässt uns dieses begrenzte und beschränkte Leben, die Dinge dieser Welt, die Schwierigkeiten, Probleme, Leiden, Schmerzen wie auch die Freuden, Siege und Erfolge, im richtigen Blickwinkel sehen, dem Blickwinkel der Ewigkeit.

Den Auftrag Jesu erfüllen

Wie sonst wollen wir als Volk Gottes die Menschen um uns herum mit der Wahrheit des Evangeliums erreichen, wenn nicht dadurch, dass die geistliche Welt durch uns, den Leib Jesu, in das Natürliche hineinflutet? Jesus selbst wirkte im Übernatürlichen, um das Reich Gottes sichtbar werden zu lassen und beauftragte seine Nachfolger damit, genau das Gleiche zu tun. Er allein ist unser Vorbild. Welche Überheblichkeit ist es doch, zu meinen, dass man das Reich Gottes ohne übernatürliche Erweise des Wirkens und der Kraft Gottes zu bauen vermag. Mit einem verkopften, theoretischen oder rational daherkommenden Christentum können wir trotz brillanter Rhetorik niemanden überzeugen. Schon Paulus wusste, dass man selbst mit den eloquentesten, wortgewaltigsten und geschliffensten Predigten das Reich Gottes nicht bauen kann:

Meine Rede und meine Predigt bestand ***nicht in überreden-den Worten der Weisheit, sondern in Erweisung des Geistes und der Kraft****, damit euer Glaube nicht auf Menschen-weisheit, sondern auf Gottes Kraft beruhe.*
1. Korinther 2,4-5

Denn das Reich Gottes besteht ***nicht im Wort, sondern in Kraft****.*
1. Korinther 4,20

Was wir brauchen ist keine Rhetorik, keine menschliche Weisheit, keine überredenden Worte, davon haben wir in der westlichen Christenheit mehr als genug. Was wir brauchen, ist das Sichtbarwerden der übernatürlichen Kraft Gottes, der Kraft, die den Himmel auf der Erde sichtbar macht, die Kranke heilt, Gebundene befreit, dämonen verjagt, Zeichen und Wunder bewirkt und die Endzeiternte einbringt. Was wir brauchen, ist eine ganz reale, echte und sichtbare „Erweisung des Geistes und der Kraft". Oder mit anderen Worten: Wir brauchen ein Hereinbrechen der geistlichen Realität in unser natürliches Dasein, wir brauchen eine Erweisung ihrer Echtheit und ihrer Power. Wir brauchen geistliche Vollmacht. Wir brauchen ein Offenbarwerden der Himmelswelt.

In seiner Predigt zur Geburtsstunde der Gemeinde Jesu am Pfingsttag in Jerusalem sagte Petrus:

Nachdem er nun durch die Rechte Gottes erhöht worden ist und die Verheißung des Heiligen Geistes vom Vater empfangen hat, hat er dieses ausgegossen, ***was ihr seht und hört.***
Apostelgeschichte 2,33

Die Menschen sahen und hörten etwas. Sie erlebten mit eigenen Augen und Ohren das Hereinbrechen der geistlichen Wirklichkeit in ihre natürliche Welt. Wenn man bei unserem Dienst und unserer Arbeit nichts von der geistlichen Welt sieht und hört, dann taugt es nicht wirklich etwas. Wenn wir Gottes Reich bauen wollen, brauchen wir einen offenen Himmel, eine Offenbarung der geistlichen Dimension.

Jeder Mensch weiß in seinem Inneren, dass es mehr gibt, als uns diese natürliche Welt zu bieten vermag. Und in irgendeiner Weise ist letztlich jeder Mensch genau dorthin unterwegs. Als Ebenbild des Schöpfers sehnen wir uns danach, Gott und sein geistliches Wirken auf eine spürbare und erlebbare Art zu erfahren. Und dies ist nicht verwerflich, sondern sehr gut. Gott selbst hat dieses Sehnen in unser Herz gelegt.

Ströme lebendigen Wassers

Das Zungenreden ist etwas, was aus dem Geist herausfließt und im Natürlichen durch den menschlichen Stimmapparat Realität gewinnt. Die geistliche Welt gewinnt dadurch Ausdruck in der natürlichen Welt. Beide Realitäten sind im Reden in unbekannten Sprachen aufs Engste miteinander verknüpft.

Ich glaube, dass es Christen, die in Zungen reden können, viel leichter haben, die Wirkungsweise zu verstehen, durch die die geistliche Realität des Himmels in unserem natürlichen Umfeld Gestalt gewinnt. Es hat nichts mit eigener Anstrengung, mit Bemühen und Willenskraft zu tun. Man vertraut dem Heiligen Geist, öffnet sich ihm und lässt zu, dass er uns in das hineinführt, was dem Willen Gottes entspricht.

Wer an mich glaubt, wie die Schrift gesagt hat, aus seinem Leibe[12] *werden* ***Ströme lebendigen Wassers*** *fließen. Dies aber sagte er von dem* ***Geist*** *…*
Johannes 7,38-39

Beachte, dass es hier heißt, dass die Ströme aus dem Leib, dem Bauch, also dem natürlichen Teil des Menschen, herausfließen werden. Die geistlichen Segnungen, die Ströme lebendigen Wassers, manifestieren sich im Natürlichen. Beide „Realitäten" sind intensiv ineinander verwoben. Wenn wir schriftgemäß glauben, dann offenbart sich die geistliche Realität durch unseren natürlichen Körper. Wenn wir schriftgemäß glauben, zeigt sich Gottes unsichtbares Reich, indem es im Natürlichen Gestalt gewinnt. Der Himmel zeigt sich auf der Erde. Der Geist Gottes ist die Kraft, der Strom, die Power, das Licht, die Dynamik, die Fluten, die aus der geistlichen Dimension ins Natürliche hineinkommen sollen – durch uns.

Im Leben eines Menschen, der glaubt, wie die Schrift sagt, soll es normal sein, dass der Geist Gottes durch ihn in großem Umfang ausfließt – als Strom, nicht als Bächlein oder gar Rinnsal – damit die geistliche Realität ins Natürliche hineinwirkt und Dinge geschehen, die Gott Ehre geben, weil sie wirklich übernatürlich sind.

12 Wörtlich: aus dessen Inneren, aus dessen Bauch

Du fragst dich, ob es dir zusteht, den Himmel schon jetzt sehen zu können. Du denkst, dass du erst nach deinem Sterben von mir in den Himmel geholt wirst.

Doch dein ewiges Leben beginnt nicht mit deinem Sterben. Es beginnt mit deiner Neugeburt. Dann ist das Alte gestorben und Neues ist geworden. Du bist schon eine neue Kreatur – in mir!

Mein Geist nimmt in dir Wohnung und macht dich zu einem Tempel zur Ehre Gottes.
Wo kannst du Gott finden? Im Tempel. Es ist seine Wohnstatt. Das bist du.
Wo berührt der Himmel die Erde? Im Tempel. Das bist du.

Du bist kein Kind dieser Welt. Du bist mein Kind und gehörst zum Himmel, zu meinem Herrschaftsbereich. Und so, wie ich den Vater sah, als ich auf dieser Erde war und das tat, was er mir sagte, was er mir zeigte, so möchte ich, dass du mich siehst und das tust, was ich dir sage und ich dir zeige.

Ich möchte, dass du mich siehst. Ich möchte, dass du mich kennst, mich hörst, mich liebst.

Ich warte schon so lange auf dich.

(Nach einem Diktat des Herrn)

Eine Enklave des Himmels

Zur Zeit der Stiftshütte und des Tempels war das Allerheiligste, wie bereits erwähnt, nicht zugänglich. Warum eigentlich nicht? Weil es zum Himmel gehörte. Wir können uns das so vorstellen wie eine diplomatische Botschaft. In einer Botschaft gilt das Recht des Landes, zu dem sie gehört. Sie untersteht weder dem Recht des Landes, in dem sie liegt, noch gehört sie zu diesem Land. Das Botschaftsgelände ist eigentlich eine Enklave. Weder Polizei noch Militär o. Ä. des umgebenden Landes dürfen sie betreten.

Stiftshütte und Tempel waren Botschaftsgebäude des Himmels und nicht nur das, sie waren auch ein kleines irdisches Abbild der himmlischen Realität. Doch heute gibt es keinen Tempel mehr. Die ganze Sache sieht seit Jesu Wirken auf dieser Erde völlig anders aus. Das Neue Testament bezeichnet uns – den Leib Jesu – als den Tempel Gottes.

Ihr seid aufgebaut auf der Grundlage der Apostel und Propheten, wobei Christus Jesus selbst Eckstein ist. In ihm zusammengefügt, wächst der ganze Bau zu einem ***heiligen Tempel im Herrn****, und in ihm werdet auch ihr mitaufgebaut zu einer* ***Behausung Gottes im Geist****.*
Epheser 2,20-22

Wisst ihr nicht, dass ***ihr Gottes Tempel seid*** *und der Geist Gottes in euch wohnt? Wenn jemand den Tempel Gottes verdirbt, den wird Gott verderben; denn der Tempel Gottes ist heilig, und* ***der seid ihr.***
1. Korinther 3,16-17

Schon seit fast 2.000 Jahren ist jeder einzelne wiedergeborene Christ ein Tempel Gottes, eine „Behausung“ des Heiligen Geistes, eine Botschaft des Himmels, eine Enklave der himmlischen Realität, inmitten eines anderen Landes, nämlich dieser Welt. Obwohl wir hier leben, ist unsere Heimat, das Land, das wir vertreten, aus dem wir kommen, zu dem wir gehören und das uns Schutz und Versorgung gibt, der Himmel.

*So sind wir nun **Botschafter** an Christi Statt …*
2. Korinther 5,20a (Luther)

Kannst du dir einen Botschafter vorstellen, der seine Heimat nicht kennt oder sich darin nicht orientieren kann? Der nicht in kontinuierlichem Kontakt mit dem Herrscher seines Landes steht oder regelmäßig seine Heimat besucht, um sich konkrete Anweisungen zu holen? Natürlich nicht. Das gilt auch für dich. Wenn du ein ernst zu nehmender Botschafter in dieser Welt sein willst, musst du deine Heimat, das dort geltende Recht und die dort geltenden Prinzipien kennen. Richte deshalb deinen Sinn auf das Geistliche aus, eben auf das, was droben ist.

So oft habe ich dich gerufen, habe dich eingeladen zu schauen, zu entdecken, zu erkennen; das faszinierende Leben Gottes um dich herum wahrzunehmen; die geistliche Welt, voll Segen, Kraft, Freuden, Gunst, Gnadenerweisen, voll von dem, was ich dir und deinen Brüdern und Schwestern geben will.
Ich habe so viel mehr für dich.

Doch dem feind ist es gelungen, deinen Blick zu fesseln und du blickst gebannt auf die Dinge, die unten sind. Irdische Dinge, vergängliche Dinge, unwerte Dinge.

Ich möchte zart deinen Kopf nehmen und ihn anheben, so dass du nach oben blicken kannst, ins Licht, in mein Angesicht, in das, was ich für dich bereitet habe.

Worauf blicken die Augen deines Herzens, mein Kind? Was lässt du in deinen inneren Menschen hinein, was füllt dein Denken, deine Empfindungen, deinen Sinn?

Wenn es nicht das ist, was ewig ist, dann ist es nicht wert, dass du darauf schaust. Es beschwert dein Herz, betrübt deinen Geist und raubt deine Freude, deine Kraft, deinen Sieg.

Schau mich an. Schau mir ins Gesicht.
Siehst du mich?
Ich bin da, ich will dir die Augen öffnen.
Du darfst mich sehen.
Du sollst mich sehen.
Du musst mich sehen!

Mein Geist ist in dir und durch ihn sind wir eins.
Du und ich. In Ewigkeit untrennbar eins.

Wer sagte dir, dass du mich nicht sehen kannst? Wer lehrte dich, dass das Natürliche wichtiger ist als das Geistliche? Wer sagte dir, dass du nur in der irdischen Vergänglichkeit lebst?

Du bist eins mit mir, ein Tempel meines Geistes, und da wo ich bin, da ist der Himmel. Da wo mein Geist ist, da ist der Himmel. Ich möchte dir die Augen öffnen, dass du sehen kannst. Sehen! Lass zu, dass ich dir die Augen öffne und alle Blindheit fortnehme.
Ich habe viel mehr für dich als du erahnt hast. Viel mehr.

Lass meine Berührung zu und entdecke dein Erbteil.

(Nach einem Diktat des Herrn)

Manifestationen der himmlischen Realität

Jedes Wunder, jede Heilung, jedes Zeichen ist etwas, was aus dem geistlichen Bereich, dem Himmel, in den natürlichen Bereich, die Erde, hineinbricht. Es sind übernatürliche Erweise der Herrschaft Gottes, die im Natürlichen sichtbar werden. Es sind Manifestationen im Natürlichen, die die Herrschaft und Regentschaft Gottes im Geistlichen zeigen. Als Jesus Petrus einlud, auf dem Wasser zu gehen,[13] da lud er ihn ein, aus der natürlichen Realität herauszutreten und sich in der geistlichen Realität zu bewegen.

Die Bibel ist prall voll von diesem unmittelbaren Hineinwirken des Himmels in unser Dasein und in unsere Wirklichkeit. Denke nur an das zahlreiche Erscheinen von Engeln aus dem Nichts heraus, von denen uns die Heilige Schrift berichtet.[14]
Oder an Feuer, das vom Himmel fiel.[15]
Oder an all die Wunder und Heilungen, Visionen und Offenbarungen. Eines der zentralen Hauptthemen der Bibel ist das Hereinbrechen des Himmelreiches in unsere Welt.

Ich möchte dir einige wenige Beispiele nennen:

Die Speisungen der 4.000 bzw. 5.000. Die bescheidene Gabe eines Jungen wird durch Jesus im Natürlichen empfangen, vermehrt sich in der geistlichen Dimension und manifestiert sich beim Austeilen wieder im Natürlichen. Kein anderes Wunder der Bibel wird so oft wie dieses berichtet, was uns die Bedeutung

---

13 Matthäus 14,25-31
14 Engel werden in der Bibel über 300-mal erwähnt.
15 Zum Beispiel in: 3. Mose 9,24; 1. Könige 18,38; 2. Könige 1,10-14; 1. Chronik 21,26; 2. Chronik 7,1

dieses Vorganges als ein Musterbeispiel der Wirkungsweise des Übernatürlichen verdeutlicht (Matthäus 14,15-21; 15,32-38; Markus 6,35-44; 8,1-9; Lukas 9,12-17; Johannes 6,5-13).

Die Verklärung Jesu auf dem Berge, als er von einer sichtbaren Wolke der Herrlichkeit Gottes vor den Augen von Petrus, Johannes und Jakobus überschattet wurde. (Matthäus 17,1-13; Markus 9,2-7)

Das Hineintreten Jesu nach der Auferstehung in einen verschlossenen Raum mitten unter die Jünger. Er kam direkt aus dem unsichtbaren, geistlichen Bereich in den natürlichen hinein. (Johannes 20,19-29; 1. Korinther 15,5-8)

Die Himmelfahrt Jesu, als er in einer im Natürlichen sichtbaren Wolke in die Himmelswelt aufgenommen wurde. (Apostelgeschichte 1,9)

Das im Natürlichen sichtbare Kommen des Heiligen Geistes wie eine Taube aus dem geöffneten Himmel heraus bei Jesu Taufe. (Matthäus 3,16)

Das im Natürlichen sichtbare Kommen des Heiligen Geistes am Pfingsttag wie Feuerflammen auf die Versammlung im Obersaal. (Apostelgeschichte 2,1-4)

Stephanus, der in den geöffneten Himmel blickte. Er sah die Herrlichkeit Gottes und Jesus zur Rechten des Vaters stehen. (Apostelgeschichte 7,55-56).

Philippus, der durch die geistliche Welt real körperlich an einen anderen irdischen Ort gebracht wurde.
(Apostelgeschichte 8,26-40)

Paulus, der in den dritten Himmel entrückt wurde (2. Korinther 12,1-4), im Geist an anderen Orten anwesend war (1. Korinther 5,3-5, Kolosser 2,5), dessen Schweißtücher Kranke heilten und dämonen vertrieben (Apostelgeschichte 19,11-12), der Erscheinungen von Jesus (Apostelgeschichte 23,11) und von Engeln hatte (Apostelgeschichte 27,23-24).

Petrus, dessen Sein so von der Gegenwart des Heiligen Geistes angefüllt war, dass selbst sein Schatten – also lediglich seine körperliche Nähe – schon die Kranken heilte. (Apostelgeschichte 5,12-16)

Hananias, dem der Herr erschien und einen sehr konkreten Auftrag gab. (Apostelgeschichte 9,10-19)

Auch im Alten Bund finden wir zahlreiche Situationen, in denen sich die geistliche Realität in der natürlichen Welt offenbarte.

Zum Beispiel: Der brennende Dornbusch (2. Mose 3,4-6)

Mose stieg auf den Berg in die Gegenwart Gottes hinauf (2. Mose 19,3). Immer wieder wird uns berichtet, dass Gott ihm (2. Mose 3,4-6; 24,15-18; 33,18-23; 34,5-7), einer Gruppe (2. Mose 24,9-11) oder dem ganzen Volk sichtbar erschien (2. Mose 16,10; 19,11; 40,34-35; 3. Mose 9,23; 4. Mose 14,10; 16,19; 17,7; 20,6) und mit ihm sprach wie mit einem Freund (2. Mose 33,11).

Die Herrlichkeit des Herrn, die die Stiftshütte erfüllte (2. Mose 40,34-35)

Josua erschien der Oberste des Heeres des Herrn und gab ihm präzise Anweisungen. (Josua 5,13-15)

Die Herrlichkeit des Herrn, die den Tempel Salomos erfüllte (1. Könige 8,10-11)

Eine kleine Auswahl von Bibelstellen, die von übernatürlichen Begegnungen berichten – ohne Berücksichtigung von Träumen:

Abraham (1. Mose 12,7; 17,1; 18,1)
Isaak (1. Mose 26,1-2)
Jakob (1. Mose 32,25-31; 35,9)
Manoach, der Vater von Simson (Richter 13,3+9; 18-22)
Gideon (Richter 6,12+22)
Salomo (1. Könige 3,5; 8,5 u. 10-11; 9,2)
Elia (1. Könige 19,11-13)
Jesaja (Jesaja 6,1-7)
Jeremia (Jeremia 1,9-13; 24,1-3)
Hesekiel (1,1-28; 3,23; 8,2-4; 10,1-22; 11,1; 43,2-6 u. a.)
Daniel (Daniel 7,9-14; 10,5-19 u. a.)
Amos (Amos 9,1)
Sacharja (Sacharja 3,1)
Micha (1. Könige 22,19; 2. Chronik 18,18)

David hatte eine tiefe persönliche Erkenntnis von der Herrlichkeit Gottes. Dies machen, neben vielen anderen,[16] folgende biblische Aussagen deutlich:

16 Zum Beispiel: Psalm 18,7-20; 2. Samuel 22,7-20; Psalm 27,4+8; Psalm 29, 3-10; Psalm 63,3

Ich habe den HERRN stets vor Augen*; weil er zu meiner Rechten ist, werde ich nicht wanken.*

Psalm 16,8

Gott, mein Gott bist du; nach dir suche ich … So schaue ich im Heiligtum nach dir, um ***deine Macht und deine Herrlichkeit zu sehen****.*

Psalm 63,2-3

Stückweise Erkenntnis

Im zweiten Teil dieses Buches werde ich von den Dingen berichten, die ich in der himmlischen Dimension gesehen und erlebt habe. Ich versuche dabei, in normaler Umgangssprache Dinge zu beschreiben, die eigentlich oft über das Erklärbare hinausgehen. Unsere Sprache ist so begrenzt, manches bleibt wirklich unbeschreiblich und kann nicht in angemessener Weise in Worte gefasst werden. Dazu kommt, dass es eigentlich immer schwierig und unangemessen ist, über Gottes Herrlichkeit und ewige Dinge zu sprechen.

Meine Beschreibung entspringt dabei meiner persönlichen Sichtweise und Wahrnehmung. Das, was ich beschreibe, sind nur einzelne Facetten der gigantischen himmlischen Realität, ist nur ein einziger Blickwinkel, ein einziger Standpunkt. Ich bin mir gewiss, dass es zahllose weitere gibt. Es ist nur ein einziger heller Sonnenstrahl von Millionen, die unsere Sonne der Gerechtigkeit ausstrahlt. Gott hat Unvorstellbares für uns vorbereitet und all unser Reden, unser Sehen und unsere Erkenntnis ist nichts anderes als Stückwerk. Es ist ein winziges Puzzleteilchen in einem Puzzle wahrhaft göttlichen Ausmaßes.[17]

Mein Bericht ist durch meine eigene Persönlichkeit mit ihren Begrenzungen und Einschränkungen geprägt. Er ist durch meine Brille gesehen. Ich bin mir sicher, dass andere Menschen, die gleiche oder ähnliche Dinge sehen, sie vermutlich völlig anders beschreiben.

17 Vieles von dem, was andere Menschen sahen, denen Gott Einblicke in die Himmelswelt gewährte, wurde mir nicht gezeigt, zum Beispiel das Buch des Lebens, Christus als Lamm oder als Löwe, die Wolke der Zeugen, die Hochzeitstafel usw.

Ich bin ein strukturierter und systematischer Mensch, der geistlichen Sachverhalten gerne auf den Grund geht und sich nicht mit der Meinung anderer zufrieden gibt. Ich denke sehr räumlich – ich habe einst Innenarchitektur studiert und in diesem Beruf viele Jahre lang gearbeitet – und habe ein Faible für Geometrie, Architektur, Proportionen usw. Du wirst dies sicherlich in meinen Beschreibungen bemerken. Zahl, Maß, Gestaltung, Zusammenhang und Ordnung sind Dinge, die mich ebenso interessieren wie Struktur, Material oder Formgebung. Menschen, die anders geprägt sind und denen Gott andere Stärken und Fähigkeiten geschenkt hat, werden die Dinge in anderer Weise wahrnehmen.

Es ist wirklich so, wie Paulus gesagt hat:

Denn wir sehen jetzt mittels eines Spiegels undeutlich, dann aber von Angesicht zu Angesicht. Jetzt ***erkenne ich stückweise****, dann aber werde ich erkennen, wie auch ich erkannt worden bin.*
1. Korinther 13,12

Lass mich dies mit einem sehr vereinfachten Beispiel erläutern, mit der geometrischen Figur des Zylinders. Man kann ihn aus ganz verschiedenen Positionen heraus betrachten. Je nach Blickwinkel kann man ihn von oben als Kreis oder von der Seite als etwas vollkommen anderes, nämlich als Rechteck, sehen. Beides sind zweidimensionale Objekte.

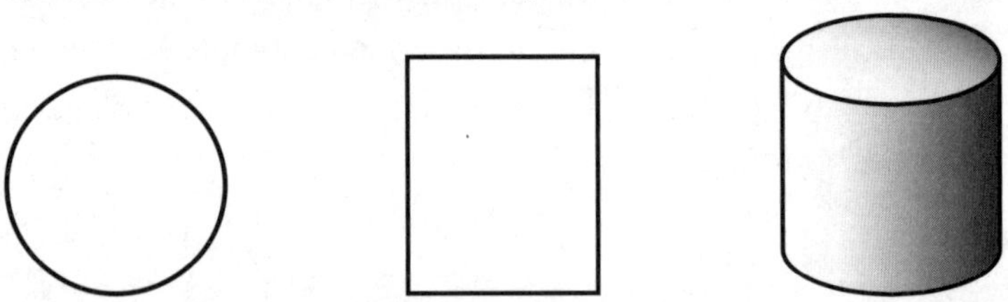

Beide Blickwinkel sind korrekt und doch sind sie nur eine beschränkte Sicht eines dreidimensionalen – also weitaus komplexeren – Sachverhaltes. Beide sind „stückweise Erkenntnis". Sie sind völlig unterschiedlich, aber trotzdem richtig. Doch sie sind beschränkt. Genauso ist es mit unserem beschränkten Verständnis der geistlichen Realität. Das, was wir zu sehen, zu erkennen und zu beschreiben vermögen, ist nur ein winziger Blick auf eine göttliche Komplexität, die jegliches Verstehen weit übersteigt.

Über den menschlichen Intellekt hinaus

Damit ihr imstande seid, ***mit allen Heiligen*** *völlig zu erfassen,* ***was die Breite und Länge und Höhe und Tiefe ist,*** *und zu erkennen die die Erkenntnis übersteigende Liebe des Christus, damit ihr erfüllt werdet zur ganzen Fülle Gottes. Dem aber, der über alles hinaus zu tun vermag, über die Maßen mehr, als wir erbitten oder erdenken, gemäß der Kraft, die in uns wirkt, ihm sei die Herrlichkeit in der Gemeinde und in Christus Jesus auf alle Geschlechter hin von Ewigkeit zu Ewigkeit! Amen.*
Epheser 3,18-21

Um die Beschränktheit unseres irdischen Erkennens noch etwas nachvollziehbarer zu beschreiben, möchte ich, bevor ich mit dem zweiten Teil beginne, gerne noch ein klein wenig ausholen und auf das Thema „Dimensionen" zu sprechen kommen. Ich denke, es wird zum Verständnis beitragen.

Als irdische Wesen sind wir lediglich in der Lage, die drei räumlichen Dimensionen zu erfassen. Mancher bezeichnet auch die

Zeit als Dimension, aber das ist, zumindest aus mathematischer Sicht, nicht wirklich haltbar. Alles, was über unsere drei räumlichen Dimensionen und den Faktor Zeit hinausgeht, ist für uns jedenfalls unvorstellbar.

Wissenschaftler gehen jedoch von ganz real existierenden weiteren Dimensionen aus und Mathematiker können mit Leichtigkeit darin rechnen – nur verstehen können wir sie nicht, es übersteigt unseren begrenzten Intellekt. Die mathematische oder physikalische Definition des Begriffes Dimension ist sehr kompliziert. Ich möchte es stark vereinfacht erläutern.

Eindimensional ist eine **Strecke** (x-Achse eines Koordinatensystems). Diese Strecke besitzt mit ihrem Start- und Endpunkt somit 2 Eckpunkte und 1 Kante.

Zweidimensional ist eine **Ebene** (x- und y-Achse eines Koordinatensystems), zum Beispiel ein Rechteck. Es besitzt 4 Eckpunkte, 4 Kanten und eine Fläche.

Dreidimensional ist ein **Raum** (x-, y- und z-Achse eines Koordinatensystems), zum Beispiel ein Würfel. Er besitzt 8 Eckpunkte, 12 Kanten, 6 Flächen und einen Raum.

Wenn Mathematiker diese Reihe aufnehmen, können sie spielend nachweisen, dass ein vierdimensionales „Ding“, zum Beispiel ein so genannter Hyperwürfel, 16 Eckpunkte, 32 Kanten, 24 Flächen und – und nun versagt unser Verständnis – 8 Räume sowie einen vierdimensionalen Hyperraum besitzen muss. Dies lässt sich beliebig weiterführen und man kann die verwegensten Dinge damit berechnen. Nur verstehen können wir es nicht. Unser Denken ist schlichtweg zu begrenzt. Gott hat hier wirklich eine Grenze in unserem Begreifen gesetzt. Die Realität des Himmels ist jedoch vielfach komplexer, sie sprengt schlichtweg unser Verstehen.

Ein Ausflug in die Zweidimensionalität

Jetzt gestatte mir einen kleinen Ausflug. Wir begeben uns gedanklich in die Niederungen der Zweidimensionalität. Es ist für das Verständnis der geistlichen Dimension hilfreich.

Stell dir einmal ein zweidimensionales Wesen vor. Es ist ein Lebewesen mit einer gedachten Höhe von Null, dessen Welt nur aus Länge und Breite besteht, eine Art lebendiger Scherenschnitt. Die Dimension der Höhe kann dieses Wesen weder verstehen noch erfassen und es wird sie auch nie erfassen können, denn es lebt ja in einer zweidimensionalen, höhenlosen Welt. Es kann schlichtweg nicht mehr denken, als diese zweidimensionale Welt. Genauso ist es uns als Menschen nicht möglich, uns eine vierdimensionale Welt vorzustellen.

Fröhlich lebt dieses flache Wesen vor sich hin. Je nachdem wie es sich wendet, kann es in alle Richtungen schauen, bis irgendetwas an seinem flachen Horizont die Sicht begrenzt, zum Beispiel ein anderes flaches Wesen. Es kann sich hin und her bewegen und in seiner flachen Welt Tätigkeiten ausüben. Mit dem Fröhlichsein ist es indes schnell vorbei, wenn in diese Welt eine dritte Dimension ins Spiel kommt.

Stellen wir uns eine flache Ebene vor, zum Beispiel ein Band aus Papier, auf dem diese Wesen ihr Dasein meistern. Sowie man die Enden der Ebene seitlich anhebt, verändert sich schlagartig der Horizont der Flachwesen. Er verringert sich ohne für sie erkennbaren Grund. Ohne auch nur im Entferntesten nachvollziehen zu können, was da eigentlich passiert, naht sich ruckartig der Horizont und die Wesen können plötzlich nur noch wenige „Schritte" weit sehen.

Jemand aus der dritten Dimension wäre in der Lage, im Leben dieser Flachwesen jederzeit Grenzen zu ziehen, Hindernisse in den Weg zu stellen, Wege zu öffnen oder zu verschließen usw., ohne dass die Flachen auch nur erahnen oder erfassen könnten, was da eigentlich vor sich geht. Er könnte einen der Flachen ergreifen und an einen beliebigen anderen Ort versetzen. Urplötzlich würde er verschwinden und kurz darauf aus dem Nichts heraus an anderer Stelle auftauchen. Unerwartet ist ein Hindernis da, wo eben noch keins war. Ebenso urplötzlich verschwindet eine Grenze, die vielleicht schon lange dort stand. Horizonte öffnen sich, Horizonte verschwinden. Das Leben des Flachen ist völlig unvorhersehbar.

Nehmen wir an, wir würden das flache Band an den beiden Enden zusammenfügen, und einen Ring daraus formen. Dies ist für die Zweidimensionalen ein völlig unerklärliches Phänomen. Einer macht sich auf den Weg, um zu erkunden, was geschehen ist. Er zieht los und ist durch die Krümmung schon schnell den Blicken der anderen entschwunden. Nachdem er einige Zeit marschiert ist, vernimmt er Stimmen und trifft zum allgemeinen Erstaunen wieder auf seine Kameraden. Und obwohl er schnurgeradeaus in die eine Richtung davonmarschiert ist, naht er sich seinen Kameraden nun plötzlich aus der entgegengesetzten Richtung, von hinten. Unfassbar und unerklärlich für ein Wesen, das nur zwei Dimensionen kennt.

Um das Ganze noch etwas interessanter zu machen, fügen wir jetzt das Papierband nicht nur zu einem einfachen Ring zusammen, sondern zu einem so genannten Möbiusband. Dies bedeutet nichts weiter, als dass man das eine Ende einmal vor dem Zusammenfügen dreht, so dass die Innenseite des Bandes mit der Außenseite verbunden wird. Wieder macht sich der Flache auf den Weg und naht sich nach seiner Wanderung den Kameraden von hinten. Aber wieder ist etwas geschehen, was das Denkvermögen sprengt. Das Wesen kommt nämlich gespiegelt an, seitenverkehrt. Seine Unterseite ist oben und seine Oberseite ist unten. Um wieder normal zu werden, müsste er seine Wanderung noch einmal unternehmen.

Du siehst, dass ein zweidimensionales Wesen einer Person aus der dritten Dimension völlig unterlegen wäre. Die dreidimensionale Person kann das flache Lebewesen beobachten, steuern, beeinflussen oder limitieren, ohne überhaupt erkannt, geschweige denn verstanden zu werden. Das zweidimensionale Geschöpf ist völlig ausgeliefert und gleichzeitig völlig durchschaubar. Genauso durchschaubar und ausgeliefert sind wir als dreidimensionale Wesen gegenüber einem Wesen, das vier- oder noch höherdimensional wäre. Ein vierdimensionales Wesen könnte uns genauso Grenzen setzen, lenken und den „Horizont verbiegen“. Wir wären genauso transparent und offenbar vor ihm. Es könnte uns genauso Türen öffnen oder verschließen und in unser Dasein hinein- oder heraustreten.

Bei diesem Gedankenexperiment wird einem etwas mulmig zumute, nicht wahr? Es ist ein unangenehmes Gefühl, so ausgeliefert und erkannt zu sein.

Bitte versteh mich richtig. Ich sage nicht, dass die geistliche Welt vierdimensional wäre. Das ist weder meine Absicht, noch glaube ich es. Die geistliche Welt ist der Bereich, in dem Gott ist. Und Gott ist ohne jegliche zeitliche oder räumliche oder wie auch immer geartete dimensionale Begrenzung. Er ist ohne Dimension. Er ist Gott.

Aber ähnlich wie in diesem Gedankenspiel liegen unser ganzes Leben, unsere Wege, unsere Taten und unsere Entscheidungen glasklar und aufgedeckt vor den Augen der himmlischen Dimension. Es erinnert mich an die Wolke der Zeugen[18], die wir laut Hebräerbrief um uns herum haben und die uns beobachtet.

Dieses Bild kann uns helfen, den Einfluss und die Überlegenheit der himmlischen Dimension über unserem Leben nachzuvollziehen. Es ist dem Natürlichen nicht nur überlegen, sondern es ist etwas völlig Anderes, etwas Grundverschiedenes, etwas unglaublich Geniales. Es ist der Himmel!

Die Tür ist offen

Jesus kam aus der unbeschränkten göttlichen Allmacht in die Begrenztheit des menschlichen, irdischen Daseins hinein. Er kam in unsere begrenzte Dreidimensionalität hinein, sozusagen auf unsere Ebene herab. Er, der Unbeschränkte, kam in die

---

18 Hebräer 12,1-2

Beschränkung dieser gefallenen Schöpfung hinein, um uns mit Gott zu versöhnen und den Weg in die Fülle Gottes zu weisen.

Durch ihn und seinen Sieg hast du bereits jetzt Zutritt zur Welt Gottes – zum Himmel. Jesus öffnete dir die Tür.

Gott hat mehr für dich, als du erahnen kannst!

Martin, die Dinge, die du geschaut hast, die hast du nicht für dich geschaut. Es sind Dinge, die du weitergeben musst, denn Menschen werden dadurch ein Verlangen nach mir und meiner Herrlichkeit empfangen und werden hineinpressen in das, was ich für sie bestimmt habe. Und dies wird im Leben dieser Menschen Wogen von Herrlichkeit freisetzen.

Du hast den Glanz gesehen, der sich in den Facetten himmlischer Herrlichkeit widerspiegelt. Es sind nur einige Facetten und andere Menschen werden sich aufmachen und andere Facetten sehen. Wichtig ist, dass sie ein Verständnis dafür bekommen, wie sie sehen und empfangen können.

Der Himmel hat nichts mit Wolken zu tun, nichts damit zu tun, dass dort Harfe gespielt wird oder geflügelte Wesen umherfliegen. Der Himmel ist nicht so, wie die verführte Welt ihn karikiert, ihn lächerlich macht, ihn zur Banalität herunterzieht. Der Himmel ist etwas, was menschliches Verstehen vollkommen übersteigt, und wer darüber spottet, zeigt nur seine eigene Torheit und Unwissenheit.

Der Himmel ist etwas, in dem es keine irdischen, natürlichen, fleischlichen Begrenzungen gibt. Der Himmel ist da wo ich bin. Die Herrlichkeit des Himmels ist so unvorstellbar, dass ein Mensch, der dort hineintritt, immer mehr davon will.

Ein Mensch, der den Himmel verpasst, ist wie eine Totgeburt – sie verpasst das Leben.

(Nach einem Diktat des Herrn)

Teil 2

Entdeckungen in der himmlischen Dimension

Hinweis:
Die folgenden Bilder und Eindrücke
wurden von mir thematisch strukturiert und geordnet.
Sie geben nicht die zeitliche Reihenfolge wieder,
in der sie von mir empfangen wurden.

So spricht der HERR … Jahwe ist sein Name: Rufe mich an, dann will ich dir antworten und will dir ***Großes und Unfassbares mitteilen, das du nicht kennst.***
Jeremia 33,2-3

Er aber antwortete und sprach zu ihnen: Weil euch gegeben ist, ***die Geheimnisse des Reiches der Himmel zu wissen …***
Matthäus 13,11

Da wir nicht das Sichtbare ***anschauen****, sondern* ***das Unsichtbare****; denn das Sichtbare ist zeitlich, das Unsichtbare aber ewig.*
2. Korinther 4,18

Eine Entdeckungsreise

Während einer Anbetungszeit nach einer Predigt zum Thema „In den offenen Himmel sehen“, erblickte ich die Augen Jesu.

Er schaute mich an und sagte mir, dass er sich von mir in Zeiten der Anbetung nun immer deutlicher und klarer sehen lassen würde. Jedes Mal, wenn ich dazu bereit wäre, würde ich ihn sehen können und das, was ich sähe, würde zunehmend deutlicher werden. Er würde mir den Himmel zeigen, das himmlische Zion, den Thronsaal Gottes und noch mehr. Es würde wie eine Entdeckungsreise sein, eine regelrechte Führung.

Bild 1

Das Land der Verheißung

Meine Reise begann mit dem visionären Eindruck – ich schilderte ihn zu Beginn des ersten Teils –, dass ich mich durch eine schier endlose Wüste schleppte. Es war eine sich unermesslich ausdehnende Ödnis aus Geröll, Felsen und durch den Wind aufgepeitschtem Sand, gefüllt mit feindlichen Stimmen voll Boshaftigkeit, Verletzung und Entmutigung. Sie bot keinerlei Schutz oder einen Ort, an dem ich mich hätte bergen können. Ich konnte mich nur hinkauern und zusammengesackt versuchen, etwas Ruhe zu finden, doch dann schrien die Stimmen umso lauter auf mich ein. Tagsüber war es kochend heiß und nachts beißend kalt.

Und es war dunkel. Es herrschte ein bedrückendes Zwielicht. Der Himmel schien bleiern und schwefelig. Felsen und Geröll waren schwarz oder dunkelgrau. Wohin man blickte, gab es nur ausweglose und finstere Wüste.

Ich folgte einer Stimme, die mich rief, lockte, ermutigte und zum Weitergehen motivierte. Sie kannte meinen Namen und dirigierte mich durch die Unwirtlichkeit der lebensfeindlichen Wüste wie auf einem unsichtbaren Pfad. Durch ihr Locken bewegte ich mich über einen langen Zeitraum in eine bestimmte Richtung und entdeckte irgendwann am bedrohlich düsteren Horizont einen durchgehenden, schmalen Streifen, der etwas heller wirkte. Der geifernde Wind peitschte und machte jeden Schritt zur Strapaze, doch ich wusste, dass ich weitergehen musste und dass dort etwas vor mir lag, dem ich in meinen

Gedanken bereits den Namen „Das Land der Verheißung“ gegeben hatte.

Ich schleppte mich vorwärts und hörte die mich rufende Stimme immer klarer. Gleichzeitig war die Luft um mich herum von Stimmen erfüllt, die mich zum Aufgeben drängen wollten. Als ich langsam vorankam, erkannte ich, dass der helle Strich eine gigantische Mauer war, die sich so weit das Auge reichte, schnurgerade wie ein Lineal durch die endlose Wüste zog. Je mehr ich mich vorwärts schleppte, desto deutlicher erkannte ich, dass die Mauer erschreckend hoch war und keinerlei Möglichkeit zum Durchkommen bot. Sie war unüberwindlich.

Ich musste dann wohl ein kleines, etwas erhöhtes Felsplateau erreicht haben, denn plötzlich erkannte ich in der Ferne innerhalb der Mauer einen hellen Bereich, der sich deutlich von dem bedrängenden Dunkel abhob, durch das ich mich so lang schon bewegt hatte. Das Locken jener Stimme kam genau aus dieser Richtung und ich tappte weiter, stürzte, wie schon so oft, und rappelte mich wieder hoch. Ich konnte wenig erkennen, meine Augen waren entzündet und von Sand und Wind zugeschwollen. Der ganze Körper schmerzte und die Stimmen um mich herum gellten in meinen Ohren. Bald erkannte ich, dass es sich bei dem Lichtflecken um ein Tor handelte. Es war ein offenstehendes, einladendes Tor. Ich wusste nicht, wohin es führte, doch von dort erschall jene sanfte Stimme … und dort war Licht.

Ich habe dich ja gekannt in der ***Wüste****, im Land der Gluten.*
Hosea 13,5

Es dauerte lange, bis ich endlich vor dem gewaltig aufragenden Durchgang in der riesigen Mauer stand. Nach rechts und links erstreckte sich die Mauer, soweit ich erkennen konnte, unüberwindbar hoch wie ein trutziges Bollwerk gegen die Trostlosigkeit der Wüste. Durch das Tor hindurch erkannte ich verschwommene Farben, hell und leuchtend, und wusste, dass dies der Durchgang in ein neues Leben sein würde.

Ja, ich lege durch die ***Wüste*** *einen Weg …*
Jesaja 43,19

Ich trat in den Bereich des Torbogens hinein und mich umfing etwas, was ich „lebendigen Frieden" nennen möchte. Die brüllenden Stimmen erstarben, der an mir zerrende Wind legte sich und stattdessen hüllte mich frische Luft mit dem Duft zahlloser Blüten und das zarte Plätschern von klarem Wasser ein. Es war hell. Mir war, als ob ich aus dem trüben Zwielicht eines Gefängnisses in das helle Licht der Mittagssonne getreten war.

Ich hörte jene Stimme, die mich schon so lange gerufen hatte, nun sehr deutlich. Sie war ganz nah. Ich trat aus dem gewaltigen Durchgang des Torbogens heraus und erkannte, dass ich mich geradezu in einer anderen Welt befand. Um mich herum herrschte spürbarer Friede. Ich war in einen Garten Eden gekommen, anders vermochte ich es nicht zu beschreiben. Obwohl ich kaum etwas sehen konnte und meine Augen völlig verkrustet, verklebt und zugeschwollen waren, erkannte ich eine Fülle von Farben und zahllose Pflanzen, einen strahlend blauen Himmel und einen Weg, der durch das frische, grüne Gras führte und hinter einer sanften Kuppe verschwand. Ein leiser Wind strich über mich.

Auf der Anhöhe stand die Person, die mich gerufen hatte. Es war Jesus. Er wartete mit ausgebreiteten Armen auf mich. Ich eilte ihm humpelnd entgegen und fiel vor ihm nieder. Dort zu seinen Füßen war mir, als ob mich seine Liebe einhüllen würde, sie durchströmte mich, durchflutete mich und heilte mich. Er kniete sich zu mir herab und begann vorsichtig meine Augen zu reinigen und vom verklebten Schmutz der Wüste zu befreien. Ich weiß nicht mehr, was wir geredet haben oder ob wir überhaupt etwas sprachen. Ich weiß auch nicht mehr, wie lange ich dort zu seinen Füßen saß, aber es war wie die Berührung heilenden Balsams auf einer schmerzenden Wunde.

Ich blickte mich um. Meine Augen schmerzten noch, doch der Blick war nun völlig klar. Hinter uns befand sich die gigantisch aufragende Mauer. Sie verschwamm zu beiden Seiten in der Ferne mit dem Horizont, doch welch anderen Anblick bot diese Seite der Mauer. Jenseits herrschte eine unerträgliche, lebensfeindliche, furchtbare Wüste voll schneidendem Wind, Geröll, Staub und Sand. Doch auf dieser Seite bot sich mir ein an Schönheit und Lebensfülle nicht zu überbietendes Bild. Wie Juwelen funkelte das Land in glitzernden Farbnuancen. Es erinnerte mich an einen gepflegten, mediterranen Park voller Bäume, Blüten, Früchte, mit Vogelgesang und einer Luft, bei der jeder Atemzug einströmende Lebenskraft bedeutete. Es war herrlich. So muss wirklich der Garten Eden gewesen sein.

Und er macht seine ***Wüste wie Eden*** *und seine* ***Steppe wie den Garten des HERRN****. Jubel und Freude findet man darin, Lobpreis und Stimme des Gesanges.*
Jesaja 51,3

Ich bemerkte, dass an der Mauer neben dem Tor ein uraltes Holzkreuz stand. Es befand sich leicht erhöht auf einem kleinen Hügel unmittelbar an der Mauer, nur wenige Meter vom Durchgang entfernt.

Aus dem kleinen Hügel entsprang unterhalb des Kreuzes eine Quelle kristallklaren Wassers. Die Quelle pulsierte stark und das durch das Wasser gebildete Bächlein war schon nach wenigen hundert Metern zu einem funkelnden, klaren kleinen Fluss angeschwollen. Man konnte auf dem Grund jeden einzelnen Stein wie einen Edelstein leuchten sehen. Das Spiel des Lichtes auf dem schnell dahinwirbelnden Wasser faszinierte mich.

Jesus forderte mich auf, mich auszuziehen und in das Wasser zu steigen. Ich war überrascht, begann jedoch bereitwillig, meine völlig zerschlissenen Kleider abzulegen. In dem Moment, in dem ich die verdreckten und zerfetzten Lumpen auf den Boden legte, verschwanden sie. Sie waren etwas, was nicht zu diesem Land gehörte. Ich stieg auf einigen breiten Stufen aus glattem, hellem Stein, die ich zuvor nicht wahrgenommen hatte, in das Wasser hinein und zuckte zurück. Das Wasser war unvorstellbar kalt, geradezu eisig. Doch Jesus forderte mich auf, in den Fluss zu steigen und mich in das Wasser hineinzulegen. Ich tat es und trotz der deutlichen Wahrnehmung von Kälte empfand ich keinen Schmerz.

Was nun folgte, ist schwer zu beschreiben. Ich lag im sprudelnden, funkelnden Wasser und es strömte über mich und um mich herum und dann bemerkte ich, dass es auch durch mich hindurchströmte. Es war ein kaum beschreibliches Gefühl. Äußerlich spülte es allen Schmutz der Wüste, allen Eiter und alle Verkrustungen fort, heilte die Wunden und erfrischte ungemein.

Doch es geschah auch etwas in meinem Inneren. Mir war, als ob das kalte, klare Wasser halbvermodertes Fleisch von mir abspülen und mich reinigen würde. Es war wie ein Naturschwamm, durch den Wasser strömt und alle Reste von dem eigenen, organischen Leben wegspült, bis zum Schluss nur noch der Schwamm als solcher übrig bleibt und er völlig sauber ist. Ich konnte meinen Körper sehen und er sah völlig normal aus, ja, besser als je zuvor, denn er war umfassend geheilt und gestärkt. Und doch wurden aus meinem Inneren alle Reste von Schmutz, Unrat und vergammelten organischen Substanzen weggespült. Das Wasser floss durch mich hindurch und nahm alles Unreine mit.

... den Leib gewaschen mit reinem Wasser.
Hebräer 10,22

Irgendwann streckte mir Jesus seine Hand entgegen, um mir aus dem Wasser herauszuhelfen. Ich fühlte mich völlig gereinigt, völlig lebendig, einfach herrlich. Dann legte er mir ein weißes Gewand an und nahm mich zum ersten Mal in seine Arme. Kurz darauf forderte er mich auf, mich hinzusetzen und das niederzuschreiben, was er mir nun diktieren wollte.

An diesem Tag habe ich große Freude gehabt. Mein Martin ist gekommen und ich konnte ihn sehen, wie er umhertappte und mich rief und versuchte zu schauen. Aber seine Augen waren noch voll des Sandes, den die Wüste in sie hineingeweht hatte.

Aus der Wüste kam er, aus trockenem, ödem, leerem Land, voll Hitze und Kälte und Sturm. Lechzend nach frischem Wasser, hungrig nach frischen Früchten – süß und saftig, erfrischend, belebend, voller Leben, voller Liebe.

Da kam er, durch die Steppe, die langsam grüner wurde. Und er kam stracks auf mich zu, geleitet von meinem Geist. Er schaute nicht rechts und schaute nicht links, denn er lechzte. Nach mir. Er sehnte sich. Nach mir. Er gierte. Nach mir. Er wollte mich, hatte die Wüste satt, wollte die Fülle. Die Fülle Gottes. Nicht ein bisschen, sondern die volle Breite und Länge, Höhe und Tiefe. Er wollte mich, Gott!

Und er kam, dürstend und hungrig, die Hände vorgestreckt, weil er nicht sah. Und ich rief ihn und lockte ihn und nannte ihn beim Namen, denn ich weiß, ich liebe ihn und mein Herz sehnt sich nach ihm, verlangt nach ihm, meinem Geliebten. Ich habe so lange auf ihn gewartet, so lange meine Hand nach ihm ausgestreckt und jetzt ist er gekommen. Er ist da!

Und er ließ mich seine Augen reinigen und öffnen, die so lange geschlossen gewesen sind. Verklebt, verkleistert vom Dreck der Wüste. Und er machte die Augen auf. Und er erkannte mich. Und staunte. Ich streichelte ihn und strahlte ihn an und er stand da, staunend und ungläubig über das, was geschah.

Und er strich über meine Wange, ergriff meine Hand, ungeschickt, und fühlte die Stelle der harten Vernarbung. Und ungläubig darüber, dass sein Sehnen ein Ende hat, schließt er die Augen und öffnet sie wieder und ich ergreife ihn, nehme ihn in den Arm – und er lässt zu, dass er mich umfasst.

Wie freue ich mich! Er ist da. Und ich sage: Komm, wir gehen in das Land deiner Verheißung. Ein wunderbares Land. Ein Gang durch wunderschöne Landschaft, Ihm selbst entgegen, dem Ziel. Ein Park voller Schönheit und Herrlichkeit. Voll silberner Flüsse, hoher Berge und einem Meer, voller Alleen, voller Geheimnis, voller Waldesgrün, voller Wiesen und Blumen und schattigen Plätzen. Ein Land voller Sonne. Voller Nähe und Freundlichkeit, ja, voller Freundlichkeit. Schmeckt und seht, wie freundlich der Herr ist. Wie liebevoll, zärtlich, erbarmend. Voller Güte, Gnade und Barmherzigkeit. Voller Zuwendung, voller Liebe.

Komm! Wir gehen in das Land. Die Luft wird deine Augen heilen, die Früchte werden dich erquicken, deinen Mangel lindern. Die Schönheit des Landes wird dein Herz erfreuen, deine Verletzung heilen, dein Vertrauen, deine Liebe stärken. Der Weg mit mir ist nicht steinig, eng, mühselig, öde, leer, gefährlich, voller Schluchten und Abgründe.

Es geht nur eine enge Pforte hinein, ein riesiges Tor vor der Unendlichkeit der Wüste. Wer dieses Tor nicht findet, die echte Liebe zu mir, den echten Glaube an mich, wie will er in das Land kommen? Viele denken, bei mir sei nur Steppe und sie sind froh, aus der Wüste in die Steppe gekommen zu sein und denken: Das ist es. Und sie schmecken nicht, was ich für sie habe: Ströme lebendigen Wassers, wahren Trank und wahre Speise.

Die Wüste ist groß, das Tor ist klein, aber der Weg dahinter ist herrlich, voller Freuden und Gnade. Wunderschön. Aus Liebe bereitet denen, die mich lieben. Freu dich an mir. Komm, gib mir die Hand, wir gehen in das Land. Wandeln!
Komm!
Gehorche meinen Bitten.
Ergreife meine Hand, ich will dich nie verlassen.
Und du wirst mich lieben und lieben
und lieben in Ewigkeit.

Bild 2

Ein leerer Ort

Ich lag nachts wach. Plötzlich nahm ich wahr, dass sich Jesus neben mir befand. Er fragte mich, ob ich bereit sei, etwas zu sehen. Ich bejahte.

„Dann werde ich dir einen sehr schönen Ort zeigen!"

Eine kurze Zeit lang empfand ich, als ob wir durch den Raum fliegen würden, dann befand ich mich in Dunkelheit. Es war nicht das Geringste zu sehen und außer einem leisen Wind auch nicht das Geringste zu hören. Ich wusste innerlich, dass ich mich auf einer sehr weiten Ebene befand. Langsam wurde es heller, genauso, als ob der Tag anbrechen würde. Doch es war wie ein Sonnenaufgang durch eine extrem dicke Nebelwand. Die Sonne war nicht auszumachen. Der Himmel war völlig weiß, es gab keinen Schatten, keine erkennbare Wolkenstruktur, nur ein völlig reines Weiß, das für gleichmäßiges, gedämpftes, diffuses und doch sehr helles Licht sorgte.

Ich hatte zunächst den Eindruck, dass ich mich auf einem großen, ebenen Plateau in einer Wüste befinden würde, doch alles um mich herum war makellos weiß. Ein weißer, glatter Boden erstreckte sich in alle Richtungen bis zum Horizont, so weit das Auge reichte. Der Grund war völlig eben, es war keine Erhöhung o. Ä. zu sehen. Dann dachte ich, dass ich mich auf Wolken befinden würde, doch ich stand auf festem Grund. Vielleicht war es ein Eisfeld in der Arktis? Oder ein großer, zugefrorener See? Oder eine gigantische Salzpfanne in der Wüste?

Ich empfand meine Umgebung weder als kalt noch als warm. Es war ein eigentümlicher Ort. Er war völlig leer. Kein Vogelgezwitscher, kein Baum, nicht einmal ein Grashalm. Es war nicht das Geringste zu sehen. Es war ein Ort, an dem buchstäblich nichts war. Gar nichts. Dieser Ort war völlig leer. Es gab nur eine große, ebene, helle, weiße, leere Weite.

Dann sagte der Herr zu mir: „Dies ist der Ort, wo deine Sünden aufbewahrt werden."

Und nach einer Pause: „Es ist ein sehr schöner Ort für mich! Ich liebe ihn. Manche Menschen haben an ihrem Ort ganze Berge aus massivem Stein aufgetürmt. Doch dieser Ort ist leer durch das, was ich für dich getan habe."

Ich fragte ihn: „Wo ist die Sünde?" und er antwortete: „Ausgelöscht. Sie ist nicht mehr da. Es gibt nichts mehr, was uns trennt!"

Bild 3

Das weite Feld

Ich bemerkte, dass ich auf einer weit gestreckten, grasbewachsenen und sanft gewölbten Ebene stand, die sich auf einer Bergkuppe in sehr großer Höhe befinden musste. Vor mir stieg die Wiese noch weiter an. Hinter mir und etwas entfernt auch zu meiner Rechten und Linken, senkte sie sich allmählich herab. Die Ebene mag eine Länge von zwei oder drei Kilometern gehabt haben. Ich spürte das weiche Gras unter den Füßen.

Ich blickte mich um. Der tiefblaue Himmel war wolkenlos. Sehr tief unter mir lag das Land, in das ich durch das Tor eingetreten war. Ich konnte es vollkommen überblicken, Hunderte von Kilometern weit. Zu meiner Linken erstreckte sich endlos ein riesiges Meer, rechts ebenso endlos die gigantische, mit Felsformationen gespickte Wüste. Ich sah von meiner hohen Position aus auch die gewaltige Mauer, die die Wüste von dem grün schimmernden Land trennte, und in der Mitte der Mauer den gewaltigen Torbogen.

Einige hundert Meter weiter oberhalb auf der Wiese stand Jesus. Was mir als Erstes an ihm auffiel, waren seine leuchtend weißen Haare. Ich stürmte auf ihn zu, er nahm mich in den Arm, drückte mich und begann mir nach einigen liebevollen Worten eine umfangreiche Lehrlektion zu erteilen, die mich teilweise sehr erstaunte. Er teilte mir Folgendes mit:

Wie auch beim Zungengebet, ist das Sehen geistlicher Dinge davon abhängig, dass man sich diesen Dingen bewusst und aktiv öffnet. Man muss sich auf den Weg machen, sich hineindrängen, sich danach ausstrecken und Gottes Angesicht wirklich suchen. Gott stülpt uns diese Dinge nie über. Ob man geistlich etwas sieht, entscheidet man zunächst selbst. Man entscheidet sich, das Augenmerk auf geistliche Dinge zu richten und die Augen zu öffnen, sie „aufzuheben".

Zu dir ***hebe ich meine Augen auf****, der du im Himmel thronst.*
Psalm 123,1

Jesus sagte mir, dass genauso, wie man beim Zungengebet seinen Mund öffnen muss, man hier seinen Blick „öffnen" muss. Das geschieht nicht automatisch. Eine schwierig zu umschreibende eigene Aktivität, die eigene Bereitschaft und Zustimmung, es jetzt tatsächlich zu tun, ist dazu gefordert. Man muss wirklich die Entscheidung treffen, sich jetzt aufzumachen und den Blick auf geistliche Dinge zu richten.

Er beauftragte mich, das Gras anzuschauen und die Landschaften dort weit unter mir zu betrachten, meinen Blick also gezielt auf Dinge zu richten. Dann erklärte er mir, dass dieser sanfte, grasbewachsene Hügel das „Weite Feld" sei. Auf diesem Feld wären nur er und ich, hier würden wir uns treffen. Hier gäbe es keinen Feind und keinen Kampf, hier gäbe es Übersicht und Erkenntnis.

Und er führte mich heraus ins ***Weite****, er befreite mich, weil er Gefallen an mir hatte.*
Psalm 18,20

Dass du … meine Füße auf ***weiten Raum*** *gestellt hast.*
Psalm 31,9

Dann forderte Jesus mich auf, meinen Blick zu erheben. Nach einiger Zeit erblickte ich in einer gewissen Entfernung einen eigentümlichen, eher buschartigen Baum. Der Stamm war nicht massiv, sondern bestand aus vielen einzelnen, dünnen, eher astartigen Stämmchen mit viel Luft in den Zwischenräumen. Dies, so sagte er, sei der Baum meines Gehorsams.

Der Baum, der eine Höhe von etwa 6 bis 8 Metern gehabt haben mag, trug Früchte, die mich stark an Pflaumen erinnerten, blau mit einem Stich lila und einer matten Schicht darauf. Ich pflückte eine der länglichen Früchte und wischte sie ab. Ich betrachtete die Frucht in meiner Hand und sah, wie sie langsam von innen zu leuchten begann und sich innerhalb einiger Minuten vor meinen Augen in einen länglichen, geschliffenen und facettierten, dunkelviolett funkelnden Edelstein verwandelte.

Jesus lehrte mich weiter. Alle Früchte, die die Bäume hier auf diesem Weiten Feld tragen würden, wären die Frucht von Geschehnissen aus meinem Leben. Speziell diese eine Frucht war eine gehorsame Tat im Alter von 12 Jahren meinen Eltern gegenüber. Die Früchte der Taten und Werke meines Lebens würden hier wachsen, heranreifen und warten. Jedes gute, geistliche Werk, jede einzelne Gott wohlgefällige Tat, jede Fürbitte, würde Frucht an dem entsprechenden Baum hervorbringen. Die Bäume pflanzen wir durch unser Gebet. Jedes Gebet, jedes Loblied, jede freundliche Tat, alles aus dem Geist hervorkommende, was wir tun, bringt ewige Frucht von hundertfältigem Wert oder mehr hervor. Nichts davon würde jemals verloren gehen.

… fruchtbringend in ***jedem guten Werk*** *…*
Kolosser 1,10

Jesus zeigte mir, dass sich auf der dem Meer zugewandten Seite des Hügels Hunderte von unterschiedlichsten Bäumen befanden. Diese Bäume würden die Frucht meines Lebens tragen. Das Land dort unter mir wäre das Land meines Lebens. Hier auf diesem Hügel würde die Frucht der Dinge aus meinem Leben heranreifen, die Ewigkeitswert besitzen, es wäre mein Schatz der Ewigkeit.

Sagt vom Gerechten, dass es ihm gutgehen wird, denn ***die Frucht ihrer Taten*** *werden sie genießen.*
Jesaja 3,10

Es handelte sich um sehr unterschiedliche Bäume, die unterschiedlichste Früchte hervorbrachten. Das Ganze sah äußerst gepflegt und parkartig aus, es gab keinerlei Unterholz. Im Gras lagen keine Äste, kein totes Holz, keine heruntergefallenen Früchte oder Blätter. Es war ein Genuss, durch dieses Gras zu schreiten. Vogelgezwitscher, Schmetterlinge oder Ähnliches nahm ich nicht wahr. Durch die Baumstämme hindurch, die auf dem sich langsam absenkenden Hügel standen, konnte man tief unten das Meer und einen Teil des grünen Landes sehen. Ich bemerkte, dass ich mich so weit oben befand, dass ich keinerlei Geräusch der Brandung vernahm. Es war ein schöner, sehr friedlicher Anblick mit südländischer Anmutung in heiterer, stiller, entspannter Atmosphäre. Der Wind strich sanft, das Gras bewegte sich und Jesus war bei mir.

Wir kamen zu drei riesigen Bäumen. Sie waren in ihrer Gestalt wie gewaltige Sequoias, gigantische Mammutbäume. Ich stand vor einem Baum, von dem ich wusste, dass er „Kraft“ hieß und wurde plötzlich etwa 40 Meter hoch in die Luft gehoben, um mir den Baum dort oben von Nahem anzuschauen: kiefernartige Rinde im Sonnenlicht, in Büscheln zusammenstehende grüne Nadeln, dicht geschlossene, zapfenartige Früchte. Ich pflückte einen ganz kleinen Zapfen aus der Nähe des mächtigen Stammes ab. Auch dieser verwandelte sich innerhalb einiger Minuten, diesmal in einen diamantklaren Edelstein. Er war so klar, dass man ihn kaum auf der Hand sah, doch wenn Licht auf ihn fiel, funkelte und brillierte er. Es war ein längst von mir vergessenes Gebet für einen Nachbarsjungen aus meiner Schulzeit.

Die ***Frucht*** *des Gerechten ist ein* ***Baum des Lebens …***
Sprüche 11,30a

Ich behielt die beiden Edelsteine in der Hand. Jesus sagte mir, dass ich den Schatz all dieser Bäume einmal mit großer Freude und Begeisterung ernten würde. Diese Früchte wären Edelsteine, die auf der Erde so wertvoll wären, dass man Atomkriege darum führen würde.

Dann erklärte er mir, dass jeder Mensch, auch wenn er nicht errettet wird, solch einen „Garten“ besitzt, in dem die gute Frucht seines Lebens wächst, heranreift und auf die Ernte wartet. Sie wächst sparsam oder reichlich, ganz nachdem, was und wie viel ein Mensch gesät hat.

Die mit Tränen säen, werden mit Jubel ***ernten****.*
Psalm 126,5

Du, dessen Augen über alle Wege der Menschenkinder offen sind, um jedem nach seinen Wegen und nach der ***Frucht seiner Taten*** *zu geben …*
Jeremia 32,19

Doch dann unterrichtete mich Jesus, dass Unmengen von Menschen niemals in den Genuss kommen werden, ihre Reichtümer zu ernten, ihr Erbe anzutreten und ihre Ernte einzuholen. Menschen, die ihn als Herrn und Retter nicht bewusst und persönlich annehmen, treten erst gar nicht in das ewige Leben Gottes ein. Es ist so, als ob diese Menschen in der Wüste der Verlorenheit verharren und ihre teilweise große Ernte für immer für sie unerreichbar bleibt. Es wird eine der Qualen der ewigen Verdammnis sein, zu wissen, dass man ein vergeudetes Erbe besitzt, eine verschwendete Ernte, die man in Ewigkeit nicht mehr einholen kann.

Gepriesen sei der Gott und Vater unseres Herrn Jesus Christus, der nach seiner großen Barmherzigkeit uns wiedergeboren hat … zu einem unvergänglichen und unbefleckten und unverwelklichen ***Erbteil, das in den Himmeln aufbewahrt ist*** *für euch, die ihr in der Kraft Gottes durch Glauben bewahrt werdet …*
1. Petrus 1,3-5

Ihr habt nicht mich erwählt, sondern ich habe euch erwählt und euch dazu bestimmt, dass ihr hingeht und ***Frucht*** *bringt und eure* ***Frucht*** *bleibe …*
Johannes 15,16a

Es wird auch Christen geben, die zwar errettet sind, die aber mit leeren Händen in die Ewigkeit eingehen werden, weil sie nur auf ihre eigene Kraft und ihre Möglichkeiten vertrauten und nichts von ewigem Wert an diesem himmlischen Ort einsäten. Sie ließen keinen himmlischen Lohn heranreifen, ihre Werke waren, bildlich gesprochen, nur Holz, Heu oder Stroh.

Wenn aber jemand auf den Grund ***Gold, Silber, kostbare Steine,*** *Holz, Heu, Stroh baut, so wird das* ***Werk*** *eines jeden offenbar werden, denn der Tag wird es klarmachen, weil er in Feuer geoffenbart wird. Und wie das* ***Werk*** *eines jeden beschaffen ist, das wird das Feuer erweisen.*
1. Korinther 3,12-13

Im Himmel herrscht begeisterte und äußerst wohlwollende Freude über jeden einzelnen Geretteten, der für die Ewigkeit in Gottes Gegenwart eintritt, mag seine Ernte groß oder klein sein. Das Entscheidende und Wichtigste ist das ewige Leben Gottes zu erlangen. Doch manche, die kommen, haben viele geistliche Schätze, die sie ihrem Herrn zur Freude als Opfergabe darbringen können. Andere kommen mit wenigem und einige kommen auch mit ganz leeren Händen.[19]

Der da erntet, empfängt ***Lohn*** *und sammelt* ***Frucht zum ewigen Leben*** *…*
Johannes 4,36a

Und der Gerechtigkeit ***Frucht*** *wird Friede sein, und der* ***Ertrag*** *der Gerechtigkeit wird* ***ewige*** *Stille und Sicherheit sein.*
Jesaja 32,17 (Luther)

19 Vergleiche dazu das Gleichnis der anvertrauten Talente in Matthäus 25,14-30 und Lukas 19,11-27

Einige Zeit später war ich mitten in der Nacht wach und realisierte plötzlich, dass ich mich erneut auf dem „Weiten Feld" befand und neben einem der mächtigen Sequoia-Bäume stand. Ich berührte die grobe, stark gefurchte und vom Sonnenschein warme Rinde.

Ich blickte mich um. Nach kurzer Zeit befand ich mich ganz nah vor einer eigentümlichen grünen Wand. Ich versuchte etwas zu erkennen, aber es war nichts Besonderes zu sehen. Vor mir sah ich lediglich grüne Ranken mit Blättern und Schoten, ganz ähnlich wie Bohnenranken. Sie waren ineinander verflochten und wirkten fast wie ein Ziergitter. Es dauerte einige Zeit, bis ich erkennen konnte, dass die Ranken einen runden Bereich von etwa fünf Metern Durchmesser umgaben und dass es sich bei diesem eigenartigen Gewächs um so etwas wie eine natürliche Laubhütte handelte.

Ich erkannte in meinem Inneren, dass vom Samen im Zentrum ausgehend, dieses Gewächs Wurzeln bildete, die sich wie ein Zirkelschlag kreisrund um den Mittelpunkt herum ausbreiteten. Im Radius wuchs dann rundum eine Vielzahl von Schösslingen empor, die sich miteinander verflochten, sich gegenseitig stützten und reihum so etwas wie ein grünes Flechtwerk bildeten. Die Ranken wuchsen empor, neigten sich oben immer mehr zusammen und bildeten auf diese Art eine Kuppel von etwa vier Metern Höhe. Sie bildeten einen kreisrunden, völlig freien Innenraum, der komplett von den Ranken eingehüllt war, die sich selbst gegenseitig stützten und hielten. Je mehr die Ranken wuchsen und Blätter bildeten, desto dichter wurde das umgebende Laubzelt. Es handelte sich wirklich um eine natürlich gewachsene Laubhütte.

Plötzlich befand ich mich im Inneren dieses natürlichen Raumes. Durch das Dach aus lebendigem Grün konnte man den blauen Himmel sehen und die Sonne warf ein faszinierendes Schattenspiel durch die Blätterhülle. Es war ganz still. Kein Blatt rührte sich, kein Windhauch ging. Es war ein eigentümlicher Raum mit einer intensiven, besonderen Form von Geborgenheit.

Denn er wird ***mich bergen in seiner Hütte*** *am Tag des Unheils, er wird mich verbergen im Versteck seines Zeltes …*
Psalm 27,5

Bild 4

Die Schätze des Lebens

Wieder fragte Jesus mich, ob ich etwas sehen wollte. Ich bejahte und sogleich ergriff er meine Hand und mir war, als ob wir einige Zeit durch die Luft fliegen würden.

Dann sah ich uns in einer unbewohnten Landschaft stehen. Direkt vor uns befand sich ein kreisrunder Abgrund, eigentlich eher ein gigantisches, zylinderförmiges Loch, mehrere hundert Meter im Durchmesser und mit steilen Wänden. Er war so groß, dass man fast von einem kleinen Tal sprechen konnte.

Nach einiger Zeit erkannte ich auf der Talsohle des Loches Dinge auf dem Boden liegen. Es waren Edelsteine, Schmuckstücke, silberne Gegenstände, Goldbarren usw. Es waren die unterschiedlichsten Wertgegenstände aus edlen Steinen und Metallen in großer Zahl. Ich erkannte viele Kronen, Colliers und Gefäße aus Silber oder Gold, auch sehr viele einzeln liegende Edelsteine. Mit all diesen Gegenständen war der Boden des Loches noch nicht einmal gänzlich bedeckt, es sah aus, als ob sie hingestreut wären. Ich wusste, dass darunter viele unschätzbare Kronjuwelen und Ähnliches lagen, doch eigentlich wirkten sie alle zusammen in diesem gewaltigen Loch eher wie ein hingestreuter Bodensatz.

Jesus erklärte mir, dass dies die Reichtümer dieser Welt wären, das, was an kostbaren Schätzen auf dieser Welt existiere. Dies sei der Schatz der Welt. „Das ist alles. Mehr hat die Welt nicht zu bieten!“, sagte er. „Für diese Reichtümer wurden Verbrechen und Kriege begangen, unzählige Menschen gaben ihr Leben dafür hin – und doch ist es so wenig.“

Dann sah ich, wie das Loch plötzlich angefüllt wurde. Ähnlich wie bei einem Regen fielen langsam und sanft Edelsteine aller nur denkbaren Art, Form und Farbe von oben leise in das Loch hinab. Ich sah weder woher sie herkamen noch was mit dem Bodensatz geschah, aber ich realisierte, dass das Loch langsam aber kontinuierlich bis zum Rand mit Edelsteinen in unvorstellbarer Zahl aufgefüllt wurde. Sie sanken ganz sanft herab. Es glitzerte, funkelte und das Licht brach sich milliardenfach in den Prismen und Facetten der kostbaren Steine, die da vor mir lagen. Irgendwann war das Loch bis oben gefüllt. Man konnte die Tiefe des Loches kaum noch erahnen.

„Das sind die Schätze deines Lebens!", sagte Jesus. „Das ist die Frucht, die in Ewigkeit Bestand hat, das ist dein Lohn! Mit zwei Hand voll dieser Steine wärst du auf der Erde einer der reichsten Menschen."

Er erklärte mir, dass es in der Himmelswelt unterschiedlichen Lohn als Ergebnis des Lebens der einzelnen Menschen auf der Erde gebe. Das, was wir in unserem irdischen Leben säen, würden wir einst in der himmlischen Vollendung ernten.

Ich liebe, die mich lieben, und die mich suchen, finden mich. Reichtum und Ehre ist bei mir, bleibendes Gut und Gerechtigkeit. Meine ***Frucht*** *ist besser als* ***Gold*** *und* ***feines Gold****, und mein Ertrag besser als* ***erlesenes Silber****. Ich wandle auf dem Wege der Gerechtigkeit, mitten auf der Straße des Rechts, dass ich versorge mit Besitz, die mich lieben, und ihre* ***Schatzkammern*** *fülle.*
Sprüche 8,17-21 (Luther)

Ich hatte das starke Bedürfnis, meine Hand auszustrecken und etwas von den Gegenständen vor mir zu nehmen, um es anzusehen, doch Jesus sagte, dass das noch nicht möglich sei. Ich hätte bisher nur einen Teil dieser Frucht in meinem Leben hervorgebracht, der Rest würde erst im weiteren Verlauf meines Lebens hervorkommen.

Dann jedoch befand ich mich plötzlich oberhalb all der Schätze und durfte einen Blick ganz aus der Nähe auf die direkt unter mir liegenden Kostbarkeiten werfen. Ich war keine Armlänge von ihnen entfernt und erblickte zahlreiche Edelsteine in der Form von Früchten. Zunächst sah ich einen, der in Form, Farbe und Größe an einen Apfel erinnerte und von innen leuchtete. Es war, als ob er im Inneren glühen würde. Er besaß Tausende von Facetten und war faszinierend durchschimmernd. Man konnte tief in ihn hineinsehen, ja, fast sogar ganz hindurchsehen, so klar war er in seiner rot-gelb-goldenen Färbung. Dann sah ich eine übergroße Birne, smaragdgrün und doch auch fast durchsichtig, glitzernd funkelnd und brillierend mit Tausenden Facetten, völlig faszinierend.

Dann erkannte ich einen Gegenstand, der mich an eine Ananas erinnerte und oben grüne, aber ebenfalls als geschliffene Edelsteine gearbeitete Blätter hatte. Darunter befand sich als die eigentliche Frucht ein glasklarer, sehr großer, tausendfach facettierter Diamant. Ich wusste, dass er durch die oberen Blätter mit einem nicht erkennbaren Mechanismus im Inneren zusammengehalten wurde und in Dutzende von Teilen, ähnlich einem dreidimensionalen Puzzle, zerlegt werden konnte. Es war ein Meisterwerk, das weit über alles irdische Können hinausging.

Freut euch und jubelt, denn euer ***Lohn*** *ist groß in den* ***Himmeln****.*
Matthäus 5,12

Mir wurde unmissverständlich bewusst: Es gibt Lohn im Himmel! Jeder Mensch hat die Möglichkeit, auf dieser Erde Lohn – oder wie die Bibel häufig sagt: Frucht – im Himmel zu sammeln. Bereits die kleinste gute Tat in diesem irdischen Leben bringt etwas Kostbares in der Ewigkeit hervor. Und nichts davon wird jemals verloren gehen.

Hierin wird mein Vater verherrlicht, dass ihr viel ***Frucht*** *bringt und meine Jünger werdet.*
Johannes 15,8

Menschen, die auf der Erde in größter Armut leben – ich dachte unwillkürlich an Christen in Fernost – haben trotzdem die Möglichkeit, in der geistlichen Welt unermessliche Reichtümer anzusammeln.

Sammelt euch aber ***Schätze im Himmel*** *… Denn wo dein Schatz ist, da wird auch dein Herz sein.*
Matthäus 6,20-21

Wenn aber jemand auf den Grund ***Gold, Silber, kostbare Steine,*** *Holz, Heu, Stroh baut, so wird das* ***Werk*** *eines jeden offenbar werden, denn der Tag wird es klarmachen, weil er in Feuer geoffenbart wird. Und wie das* ***Werk*** *eines jeden beschaffen ist, das wird das Feuer erweisen.*
1. Korinther 3,12-13

Bild 5

Die Waffenrüstung

Ich bemerkte, dass ich mich wieder auf dem sanften Hügel in großer Höhe befand. Ich sah Jesus auf der Kuppe stehen, lief zu ihm hin, umarmte ihn und legte meinen Kopf an seine Brust.

Nach einiger Zeit war er plötzlich verschwunden und ich stand wieder allein. Einen Augenblick später jedoch bemerkte ich, wie ich von unsichtbarer Hand bekleidet wurde. Es war eine eigentümliche Erfahrung. Ich realisierte, dass mir die verschiedenen Gegenstände der geistlichen Waffenrüstung angelegt wurden.

Zuerst empfand ich, dass mir ein Brustpanzer, ein Harnisch, angelegt wurde. Er bestand aus einer eigenartigen, nicht irdischen Substanz und sah eher aus wie Licht. Er leuchtete. Er war sehr leicht, sehr angenehm zu tragen, ja, es war geradezu ein Genuss, damit bekleidet zu sein. Er hinderte meine Bewegungen in keiner Weise und doch war ich mir sicher, dass er mir absoluten Schutz gewähren würde. Ich blickte an mir herab und stellte fest, dass ich unter dem Licht-Brustpanzer ein grobes, weißes Gewand trug.

Dann wurde mir ein breiter Gürtel angelegt. Ohne es direkt in Worte fassen zu können: diesen Gürtel zu tragen war ein Hochgenuss. Ich fühlte mich genial. Ich liebte es vom ersten Moment an, diesen Gürtel zu tragen, und bewegte mich vollkommen sicher damit.

Danach erhielt ich den Helm. Ich wusste, dass er oben einen Federbusch als Helmzier hatte und kupferfarbig war. Er umschloss den Kopf wie eine Haube und war vorne offen ausgeschnitten. Ich spürte nichts davon, dass ich diesen Helm trug, sondern fühlte mich genau wie vorher, auch mein Sichtfeld war keinesfalls eingeschränkt. Er behinderte mich in keiner Weise, bot aber umfassenden Schutz.

Dann bekam ich das Schwert angelegt. Es war mit einer Lederschlaufe am Gürtel befestigt. Der Griff passte wie angegossen und fühlte sich sehr gut an. Das Schwert war vollkommen leicht, fast schwerelos. Ich machte einige Bewegungen in der Luft, einige Drehungen, man spürte fast nichts im Handgelenk, es war wirklich federleicht. Gleichzeitig jedoch war es erschreckend scharf. Es war so extrem scharf, dass auch ich mich, bei mangelnder Vorsicht, daran empfindlich verletzen könnte. Es war wirklich eine Waffe, die dazu geschaffen war, Dinge zu zerteilen und voneinander abzutrennen. Große Stein- oder Metallblöcke – und natürlich auch den sich gegen uns stellenden feind – konnte man damit wie Butter zerschneiden. Es war relativ lang und unglaublich spitz. Die Spitze war sehr wirksam für den Kampf. Wenn man mit diesem Schwert den Feind stach, so floh er voller Schmerz und Panik. Dieses Stechen erschien mir für den Kampf noch wirkungsvoller als die Möglichkeit des Zerschneidens durch einen Hieb zu sein. All das war mit geringstem Kraftaufwand möglich.

Ich wusste, dass der feind niemals gegen dieses Schwert bestehen würde. Es zerteilt ihn wie Spinnweben, wie eine dünne, aufgespannte Folie, in die man mit einer Klinge hineinschneidet.

Dann erhielt ich den Schild. Auch er war beim Tragen nicht spürbar und beim Laufen fast nicht wahrnehmbar. Er war ganz hell, geradezu leuchtend und ziemlich groß, so dass er eine helle, leuchtende Fläche bildete.

Gott umgürtet mich mit Kraft und untadelig macht er meinen Weg. Er macht meine Füße den Hirschen gleich, und ***stellt mich hin auf meine Höhen****. Er lehrt meine Hände das Kämpfen und meine Arme spannen den ehernen Bogen. Und du gabst mir den Schild deines Heils, und deine Rechte stützte mich, und deine Herabneigung machte mich groß. Du schaffst Raum meinen Schritten unter mir, und meine Knöchel haben nicht gewankt.*
Psalm 18,33-37

Dann blickte ich an mir herab auf meine Beine. Ich nahm wahr, dass ich Sandalen trug, die eine glatte Sohle besaßen und fast bis zu den Knien hoch geschnürt waren. Ich machte einige Testschritte und trat übervorsichtig mit der glatten Sohle auf, merkte jedoch sofort, dass ich hervorragend damit laufen konnte und auch diese Sandalen beim Laufen nicht zu spüren waren.

Dann erblickte ich mich plötzlich von außerhalb meines Körpers. Ich sah mich in dieser leuchtenden Rüstung den Hügel hinab loslaufen, hinein in das vor mir liegende Land. Oben auf dem Hügel stand Jesus. Er strahlte.

Zieht die ganze Waffenrüstung Gottes an, damit ihr gegen die Listen des Teufels bestehen könnt! … Deshalb ergreift die ganze Waffenrüstung Gottes, damit ihr an dem bösen Tag widerstehen und, wenn ihr alles ausgerichtet habt, stehen bleiben könnt!

So steht nun, eure Lenden ***umgürtet*** *mit Wahrheit, bekleidet mit dem* ***Brustpanzer*** *der Gerechtigkeit und* ***beschuht*** *an den Füßen mit der Bereitschaft zur Verkündigung des Evangeliums des Friedens! Bei alledem ergreift den* ***Schild*** *des Glaubens, mit dem ihr alle feurigen Pfeile des Bösen auslöschen könnt! Nehmt auch den* ***Helm*** *des Heils und das* ***Schwert*** *des Geistes, das ist Gottes Wort!*
Epheser 6,11-17

Bild 6

Der Torbogen

Wieder fand ich mich auf der grasbewachsenen Ebene stehend, sehr weit oben. Ich hatte einen völlig klaren und ungetrübten Blick über das sich weit unter mir ausdehnende, leuchtende und in allen Farbschattierungen funkelnde Land. Zu meiner Linken sah ich das sich anscheinend unbegrenzt bis zum Horizont ausdehnende Meer, auf der rechten Seite die ebenso unendliche Wüste. Dazwischen lag schmal der grüne, üppige, glänzende und mich an funkelnde Juwelen erinnernde Landstrich voller Schönheit. Das Bild erinnerte mich an das Land Israel, das ebenfalls langgezogen zwischen Meer und Wüste liegt.

*Von der **Wüste** … bis zum großen **Meer** gegen Sonnenuntergang, das soll euer Gebiet sein.*
Josua 1,4

Ich wusste, dass ich frei war, mich nach eigenem Ermessen beliebig zu bewegen. Ich ging etwas umher und betrachtete dann von oben die große Mauer, die die gigantische Wüste von dem üppigen, grünen Landstreifen trennte. Die Wüste bestand eher aus Steinen und Felsgeröll als aus Sand und lag flach und lebensfeindlich in flirrendem Licht. Trotzdem wirkte sie dunkel und bedrohlich. Weit vor mir, und zu meiner Rechten auch weit hinter mir, trennten hohe, sehr breite, und, wie ich wusste, unüberwindliche Gebirgszüge das Land von der Wüste ab.
Im mittleren Bereich aber, der ohne Zweifel mehrere Hundert Kilometer lang war, erstreckte sich, jeweils bis in die beiden Gebirgszüge hineinreichend, die gewaltige Mauer. Sie war aus massiven, hellbeigen Steinquadern errichtet und sehr hoch.

Von meiner Position aus konnte ich sehen, dass sie auf ihrer gesamten Länge unbeschädigt war. Die Trennung zwischen der unwirtlichen Wüste und dem paradiesischen Land war intakt und unüberwindlich.

Es gab nur im Mittelbereich der Mauer dieses eine einzige gigantische Tor. Es war offen, Torflügel oder Ähnliches gab es nicht, es handelte sich um einen überwältigend großen Durchgang. Dieser Torbogen besaß eine profilierte Umrandung aus steinernen Lisenen, die oben spitz zusammen liefen. Ich wollte ihn genauer betrachten und innerhalb weniger Augenblicke befand ich mich direkt vor ihm. Ich besah mir den hoch aufschwingenden Bogen von Nahem. Die Steine der Mauer waren uralt, teilweise am Rande ganz leicht abgebröckelt und als ich sie berührte, von der Sonne ganz warm. In einigen Ritzen wuchsen kleine Pflanzen und Blumen. Die Machart der Mauer erinnerte mich an die Klagemauer in Jerusalem.

Von außen war nur sehr wenig Sand durch den Wind in den Tordurchgang hineingeweht worden, der nach meinem Ermessen vielleicht 20 Meter tief sein mochte. Das Bild wirkte sehr friedlich und hinterließ ein warmes, angenehmes Gefühl. Die Mauer mag 100 Meter oder mehr hoch gewesen sein, der Torbogen schwang sich bis etwa 15 Meter unterhalb der Mauerkrone empor. Die Breite des Durchganges betrug mindestens 50 Meter. Hunderte von Menschen würden hier gleichzeitig hindurchgehen können.

Durch das Tor sah ich in die Wüste hinaus. Sie lag still und reglos vor mir. Ich ging nach außen. Sowie ich den Fuß aus der Mauerlinie herausbewegte, trat ich in einen peitschenden Sandsturm mit eiskaltem Wind. Ich nahm diesen extremen Wind erst in dem Moment wahr, in dem ich den Boden der Wüste betrat. Sowie ich mich in den schützenden Tordurchgang zurückbewegte, lag die Wüste wieder scheinbar still und tot vor mir. Es war nichts zu bemerken. Ich ging dann beherzt und schnell einige Schritte hinaus in den Wind, um den Torbogen von außen zu betrachten. Überrascht stellte ich fest, dass er rundum mit Blut bestrichen war. Es war alt und schon ganz schwarz.

Schnell trat ich wieder ein und innerhalb einer Sekunde war ich aus dem geifernden Sandsturm in den Garten Eden hineinversetzt. Wärme, Vogelgezwitscher, Sonnenschein, ein ganz leichter Sommerwind und der Duft von Tausenden von Blüten wehten mir in diesem Tordurchgang entgegen. Und tatsächlich – dieses Land war wirklich wie ein Garten Eden für mich. Es war das mir verheißene und von Gott zugeordnete Land, mein Verantwortungsbereich. Adam musste einst seinen von Gott gegebenen Herrschaftsbereich, den Garten Eden, aufgrund seiner Sünde verlassen. Vielleicht war das Tor, das die Cherubim verstellten, ganz ähnlich wie dieses Tor, vor dem ich gerade stand. Adam musste jedenfalls mit seinem ganzen Sein, seinem ganzen Leben hinaus in die furchtbare Wüste. Dass ich dieses Land betreten durfte, lag nicht an meinem Verdienst, sondern daran, dass ich Jesus Christus als meinen persönlichen Retter und Herrn angenommen hatte. Sein Blut war es, das an die Umrandung des Tores gestrichen war und den Tod draußen hielt.

Sieht er dann das ***Blut*** *an der Oberschwelle und an den beiden Türpfosten, wird der HERR an der Tür vorübergehen und wird dem Verderber nicht erlauben, in eure Häuser zu kommen, euch zu schlagen.*
2. Mose 12,23

Im Alten Testament wird oft von der Wüste gesprochen. Mir wurde klar, dass manche der Menschen im Alten Bund im Geist gewissermaßen aus der Wüste ihres Lebens bis in diesen Tordurchgang hineinkamen. David mag geistlich aus der Wüste in den Torbogen hineingetreten sein, aber er konnte nicht hindurchschreiten. Er sah das Land sozusagen ganz nah, aber doch nur von ferne. Doch der Frieden und die Ruhe in diesem Torbogen war ihm bereits genug Erbe. Für uns aber, im Neuen Bund, ist das Land geöffnet. Es breitet sich vor uns aus und wir können hineingehen. Ein wundervolles Land, weit und voll atemberaubender Schönheit. Es ist das Land unseres Lebens mit dem dreieinigen Gott. Durch das vollkommene Opfer Jesu, sein für uns vergossenes Blut, haben wir Zugang zu all dem, was Gott für uns vorbereitet hat.

Bild 7

Ein Aufstieg

Plötzlich war ich morgens im Bett hellwach. Über einen längeren Zeitraum hatte ich kaum geistliche Eindrücke und empfing nur wenige Bilder. Ich wusste, dass es an mir lag und dass von mir aus eine gewisse eigene Anstrengung gefordert war, um wieder in das hineinzugelangen, was Jesus mir zeigen wollte. Das war nichts, was automatisch geschah. Ich wusste, dass ich mich danach ausstrecken, aktiv Gott suchen und mich auf den Weg – gewissermaßen den Aufstieg – dazu machen musste.

Ich empfand, dass Jesus oben auf dem Weiten Feld auf mich wartete. Ich wollte ihm unbedingt begegnen. Aber ich befand mich nicht dort.

Nach einiger Zeit der Irritation erblickte ich mich selbst – aus der Vogelperspektive – wie ich mit bloßen Händen eine Steilwand aus Steinklippen erklomm. Meine Hände und Füße waren zerrissen und blutig.

Ich sah, wie ich einen letzten schroffen, scharfkantigen Kamm erkletterte. Dahinter ging es auf eine weiche, grüne Wiese herunter. Sie war an drei Seiten von spitzen Felsen umgeben und lag wie ein Nest dazwischen eingebettet. Hier oben erschien sofort alles viel leichter und beschwingter. Ich sog die frische, klare Luft ein. Unweit von mir sah ich Jesus. Ich lief auf ihn zu und lag auch schon in seinen Armen. Ich umarmte ihn, wir drehten uns im Kreis und ich sagte immer nur: „Jesus, Jesus …"

Ich wusste, dass ich wieder da war. Ich hatte seinem Ruf: „Komm herauf!“ Folge geleistet.

Nach diesem sah ich: Und siehe, eine Tür, geöffnet im Himmel, und die erste Stimme, die ich gehört hatte wie die einer Posaune, die mit mir redete, sprach: ***Komm hier herauf!***
Offenbarung 4,1

Bild 8

Jesus in Herrlichkeit

Während der Anbetungszeit in einem Gottesdienst stand ich ein weiteres Mal auf dem Weiten Feld. Wieder realisierte ich, dass ich auf ganz weichem, grünem Gras stand. Auf der Kuppe des sanft ansteigenden Hügels strahlte helles Licht. Es leuchtete von einer Person aus und ich wusste, dass es Jesus in verherrlichter Gestalt war. Er lud mich ein, zu ihm zu kommen und zu meinem Erstaunen rief er mit mächtiger, donnernder Stimme: „Komm!" Dann rief er weitere Male und es wurde immer lauter, es war geradezu erschütternd. Ich erbebte regelrecht von der Lautstärke.

Ich war an des Herrn Tag im Geist, und ich hörte hinter mir eine ***laute Stimme*** *wie von einer Posaune.*
Offenbarung 1,10

Ich eilte zu ihm. Er war gleißend hell, völlig weiß. Ein sehr intensives, ungetrübtes, weißes Licht strahlte von ihm aus. Es war wirklich vergleichbar mit dem direkten Blick in die helle Mittagssonne. Ich stand vor ihm und hatte trotz der lauten Stimme kein Gefühl von Angst oder Beklemmung. Ich kam zu ihm als sein Geliebter, er hatte mich gerufen und ich durfte ihn in seiner machtvollen Herrlichkeit, seinem verherrlichten Leib sehen. Das war etwas, wonach ich mich von Herzen gesehnt hatte.

Deine Augen werden ***den König schauen in seiner Schönheit****, sehen werden sie ein* ***weithin offenes Land****.*
Jesaja 33,17

Ich stand nun frontal vor ihm. Er war deutlich größer als ich und intensiv gleißend weiß. Er leuchtete nicht nur, sondern das Licht strahlte regelrecht von ihm aus, es war gewissermaßen „aktiv". Ich schaute auf seine Füße, die mit Sandalen bekleidet waren.

Ich bemerkte nun etwas, was ich noch öfter sehen sollte. Es war die Substanz seines Körpers. Sie irritierte und faszinierte mich gleichzeitig und war mit nichts vergleichbar, was man auf der Erde kennt. Es war absolut unirdisch. Seine Füße – und wie ich später erkannte, sein ganzer Körper – waren mit „Fleisch und Blut" nicht vergleichbar. Die Haut, die sich beim Berühren durchaus anfühlte wie normale Haut, schien wie eine glasklare, durchscheinende Hülle zu sein, die das hinter ihr Liegende erkennen ließ. Dies war eine schwer zu beschreibende, feuerartige Substanz, die ich am ehesten mit „goldglühender Lava in strömender Bewegung" umschreiben möchte. Es war etwas Glühendes und im Glühen Pulsierendes, sich Bewegendes zu sehen, ein Lodern wie das Glühen in einem Kohlebecken oder bei heißglühendem Metall.

Über seinen Füßen sah ich das blendend weiße Gewand. Seine Hände, die er mir entgegenstreckte, besaßen die gleiche Substanz wie die Füße. Trotz des Leuchtens und Ausstrahlens seiner Haut konnte ich die Vernarbungen der Wundmale erkennen.

Ich sah etwas empor und erblickte einen goldenen Metallreifen, der wie ein Gürtel oder eher wie ein Stück Harnisch das Gewand im Bereich oberhalb der Taille umspannte. Er war, mit Ausnahme einer kleinen, umlaufenden Wulst, ohne Zierrat und so geformt, dass er dem Verlauf des Rippenbogens folgte, also im Mittelteil vorne etwas nach oben ging und zu einer spitzen Ecke auslief. Der Gürtel wirkte dunkel vor dem strahlend hellen Gewand.

Dann sah ich in Jesu Gesicht. Es war wirklich strahlend wie die Sonne. Das Ausstrahlen des Lichtes aus seinem Angesicht konnte man geradezu sehen. Es war wie mächtige Sonnenstrahlen. Obwohl es für menschliche Augen auf der Erde unerträglich hell gewesen wäre, konnte ich in sein Angesicht schauen. Allerdings erkannte ich zunächst nichts außer dem weißen Strahlen. Es war, wie wenn man von Nahem direkt in einen Flutlicht-Scheinwerfer blickt.

Langsam konnte ich Gesichtszüge, Mund, Nase und Augen wahrnehmen und erkennen. Das Rot des Mundes wurde vom strahlenden Licht überlagert, aber nicht ganz verdeckt. Genauso war es mit den Augen. Ich kann sie nur als blaue Diamanten beschreiben – dass sie blau waren, irritierte mich – in denen wilde, unirdische Flammen loderten.

Ich ergriff Jesu Hände. Obwohl es mir vorkam, als ob ich eine glühende Kohle, ein glühendes Stück Lava anfassen würde, hatten seine Hände eine normale Temperatur, es war sehr angenehm. Ich fühlte die harten Vernarbungen. Dann öffnete Jesus zu meiner Überraschung das Gewand etwas und zeigte mir die Narbe des Speerstiches an seiner Seite. Auch diese Narbe berührte ich vorsichtig.

Ich war an des Herrn Tag im Geist, und ich hörte hinter mir eine ***laute Stimme*** *wie von einer Posaune … Und ich wandte mich um, die Stimme zu sehen, die mit mir redete, und als ich*

mich umwandte, sah ich ... einen, gleich einem Menschensohn, bekleidet mit einem bis zu den Füßen reichenden Gewand, und an der Brust umgürtet mit einem ***goldenen Gürtel****, sein Haupt aber und die Haare waren weiß wie weiße Wolle, wie Schnee, und seine Augen wie eine Feuerflamme, und seine Füße gleich* ***glänzendem Erz****, als* ***glühten*** *sie im Ofen, und seine Stimme wie das Rauschen vieler Wasser ... und sein Angesicht war,* ***wie die Sonne leuchtet*** *in ihrer Kraft.*
Offenbarung 1,10-16

Und ich sah: Wie das ***Funkeln von glänzendem Metall****, wie das Aussehen von* ***Feuer, das ringsum ein Gehäuse hat****, war es von dem Aussehen seiner Hüften an aufwärts; und von dem Aussehen seiner Hüften an abwärts sah ich etwas wie das Aussehen von* ***Feuer****; und ein* ***Glanz*** *war rings um ihn.*
Hesekiel 1,27

Und ich sah: und siehe, eine Gestalt mit dem Aussehen eines Mannes: von seinen Hüften an abwärts ***Feuer****; und von seinen Hüften an aufwärts wie das Aussehen eines* ***Glanzes****, wie das* ***Funkeln von glänzendem Metall****.*
Hesekiel 8,2

Bild 9

Ein Blick voll Liebe und Kraft

Während einer Anbetungszeit, die stark darauf ausgerichtet war, dem Herrn zu begegnen, sah ich Jesus wieder auf der Kuppe des sanft gewölbten Hügels stehen.

Ich ging zu ihm und legte meine Hände in die seinen, die er mir entgegengestreckt hielt. Wieder betrachtete ich seine Haut, die durchsichtig dieses innere Glühen – wie Lava, wie glühendes Metall – umspannte und bemerkte auch diesmal, dass seine Hände eine angenehme Temperatur hatten.

Er stand vor mir und von seiner ganzen Gestalt, insbesondere aber dem Gesicht, ging dieses extrem helle, gleichmäßige, weiße Licht aus. Dieses Licht war etwas Spürbares, so wie man Sonnenstrahlen auf der Haut spürt. Es hatte gewissermaßen Substanz. Ich badete regelrecht in diesem weißen, außerordentlich angenehmen Licht. Ich hatte den Eindruck, dass dieses Licht durch mich hindurchging und ließ es über und durch mich fluten. Interessant war, dass ich mitten in diese ausstrahlende Helligkeit hineinsehen konnte, ohne dass es in den Augen schmerzte. Das wäre auf der Erde unmöglich gewesen.

Ich sah Jesu weißes Gewand und seinen goldenen Brustgürtel. Er legte seine Arme um mich und drückte mich fest an sich. Nach einigen Momenten zeigte er mir seine rechte Hand, in der einige glasklare Gegenstände lagen, die ich zunächst in der „glühenden" Hand kaum erkennen konnte. Dann sah ich, dass es geschliffene und völlig gleichmäßig facettierte Diamanten waren, alle etwa so groß wie eine Haselnuss. Als Jesus seinen Blick auf sie richtete und das von seinem Gesicht ausgehende Licht auf sie traf, funkelten sie bunt und strahlten regelrecht auf. Es waren sieben Stück. Diese Diamanten erinnern mich sehr an die Frucht, die ich von einem der Bäume hier auf diesem „Weiten Feld" gepflückt hatte.

Und er hatte in seiner ***rechten Hand sieben Sterne****, und aus seinem Mund ging ein zweischneidiges, scharfes Schwert hervor, und sein Angesicht war,* ***wie die Sonne*** *leuchtet in ihrer Kraft.*
Offenbarung 1,16

Ich wusste, dass dies die Sterne der sieben Gemeinden waren, an die die Offenbarung geschrieben wurde und dass Jesus mir dazu etwas sagen wollte. Die sieben Sendschreiben der Offenbarung, so erklärte er mir, würden nicht, wie ich bisher vermutet hatte, den Ablauf der Kirchengeschichte repräsentieren, sondern wären ein Bild der Gesamtgemeinde, des gesamten Leibes Christi. Diese Sendschreiben sollte ich, anders als bisher, unter positivem Blickwinkel lesen, also nicht auf das Negative schauen, sondern auf das, was in den Gemeinden durch Gottes Wirken Gutes vorhanden ist. Alle Teile der gesamten Gemeinde würden zusammengehören, um die vollkommene Braut zu bilden.

Ich versuchte Jesu Augen in dem strahlenden, kraftvollen, weißen Licht zu erkennen. Plötzlich erblickte ich sie für einige Augenblicke völlig klar und deutlich. Ich war erstaunt. Der Ausdruck in ihnen war voller Kraft, Liebe und Freude. Ich sah großes Wohlwollen und echte Zuwendung. Es war der Blick aus einem wirklich liebenden Herzen. Ich verstand ganz neu, dass Jesus mich ganz und völlig liebt, begehrt und annimmt. Es war ein Blick, bei dem man verstummt – ein Blick voll Liebe und Kraft.

Am Tag darauf sah ich Jesus wieder vor mir, genau wie am Vortag. Diesmal achtete ich auf das, was er auf seinem Kopf trug und erkannte seine Krone. Erstaunt stellte ich fest, dass sie nicht den Kronen glich, die wir gemeinhin kennen. Eigentlich waren es mehrere glatte und schlichte Goldreifen, nur wenige Zentimeter hoch und wenige Millimeter breit, die oben mit einer umlaufenden Wulst – wie am Brustgürtel – geformt waren. Es waren sieben solche jeweils etwas kleiner werdende Reifen, die leicht ansteigend aneinander gereiht waren. Ich war verwundert über die Schlichtheit der Krone, aber Jesus erinnerte mich daran, dass auch der Brustgürtel und das weiße Gewand völlig schlicht waren.

*Seine Augen aber sind eine Feuerflamme, und auf seinem Haupt sind **viele Diademe ...***
Offenbarung 19,12a

Bild 10

Bürger zweier Welten

Jesus befand sich neben mir und hielt meine Hand. Es war Nacht. Ich wusste, dass wir uns an einem Ort auf der Erde befanden. Uns umgab eine natürliche, irdische Dunkelheit.

Ich hörte, wie eine Person in der Dunkelheit in Zungen sang und in meinem Inneren erkannte ich, dass es sich um einen Christen handelte, der in einem totalitären Staat in Einzelhaft saß. Im Natürlichen war nichts zu sehen und nur sein Gesang zu hören.

Einen Augenblick später jedoch sah ich die gleiche Person auf einer weiten Wiese stehen, ganz ähnlich dem „Weiten Feld" in meinen Bildern. Die Person war von zahlreichen Engeln umgeben und mit einer langen weißen Robe bekleidet. Jesus befand sich neben ihr und alles war in Licht, Duft und Herrlichkeit eingebettet. Und noch immer hörte ich den Gesang.

Mir wurde bewusst, wie sehr wir als Kinder Gottes Bürger zweier Welten sind. Unser Dasein auf der Erde und gleichzeitig in der himmlischen Dimension verläuft immer parallel. Es ist wichtig, dass wir als Christen ein Verständnis dafür besitzen und unser Blick in die geistliche Realität geöffnet ist. Nur dann können wir die Dinge, die uns in der natürlichen Welt begegnen, richtig einordnen.

In kurzen Frequenzen sah ich dann im Natürlichen Menschen, die auf dem Sterbebett lagen, im Rollstuhl saßen, im Gefängnis waren, in Arbeitslagern angekettet waren und Ähnliches. Sofort darauf erblickte ich die gleichen Personen dann im Geistlichen, in der himmlischen Dimension, wo sie sich in einer Position der Herrlichkeit befanden, ähnlich wie der Gefangene, den ich zuerst gesehen hatte.

Es stimmt, als Kinder Gottes sind wir jetzt, hier und heute Bürger zweier Welten.

*Wenn es einen **natürlichen Leib** gibt, so gibt es auch einen **geistlichen**.*
1. Korinther 15,44

Bild 11

Weiter empor

Während einer Lobpreiszeit in einem Gottesdienst stand ich erneut in großer Höhe auf dem Weiten Feld. Doch zu meiner Verwunderung war Jesus diesmal nicht da. Ich erkannte innerlich, dass er sich nicht hier befand und mir war bewusst, dass ich ihm in dieser mir schon vertrauten Umgebung in Zukunft nicht mehr begegnen würde.

Dann überblickte ich das ganze Areal plötzlich von einer weiter erhöhten Position. Wie eine extrem hohe Bergspitze lag dieses Weite Feld hoch oberhalb des Landstriches zwischen Meer und Wüste. Ich sah die Bäume auf dem sanft abfallenden Hügel nach West und Nordwest stehen. Und, weit unter mir, erblickte ich die Mauer mit dem großen Tor. Ich wusste, dass Jesus nicht hier war und war darüber ernstlich irritiert.

Doch dann erkannte ich in meinem Inneren, dass er wollte, dass ich noch weiter hinaufstieg. Ich sollte weiter nach oben kommen. Diese unausgesprochene Aufforderung berührte mich eigentümlich. Nach einigem Zögern begann ich schnell über die Wiese zu laufen und sprang aus dem Lauf heraus nach oben. Die Arme nach oben ausgestreckt, sauste ich regelrecht empor. Ich hatte das Gefühl, in großer Geschwindigkeit durch schwarzen Raum zu gleiten.

Irgendwann befand sich Jesus direkt neben mir. Ich bewegte mich nicht mehr weiter, sondern verharrte ganz still. Die Atmosphäre war sehr friedlich, sehr sanft und gleichzeitig ernst und

Ehrfurcht gebietend. Nach einiger Zeit realisierte ich, dass sich in nicht zu definierender Entfernung vor uns eine helle, kreisrunde Fläche befand, die sich von einem etwas dunkleren Hintergrund abhob. Etwas später erkannte ich, dass es sich um ein Objekt handelte, das halbkugelförmig aus einer senkrecht wie eine Wand vor uns stehenden Fläche herausragte. Ich sah, dass es sich um etwas Schimmerndes handelte. Es war die Oberfläche einer Perle, die halb aus einer glatten, vollkommen goldenen und gigantisch großen Wandfläche hervorstand. Rund um die Perle befand sich eine kleine, gewölbte Einfassung. So weit ich in jede Richtung über die Ebene blicken konnte, war bis zum Horizont nur die gleichmäßige, glatte, weite, goldene Fläche zu erkennen.

Ich wusste, dass es sich um eines der Perlentore des himmlischen Jerusalems handelte. Die Größe des Tores konnte ich nicht abschätzen, da ich nicht wusste, wie weit wir uns von der goldenen Fläche entfernt befanden.

Und er führte mich im Geist hinweg auf einen ***großen und hohen Berg*** *und zeigte mir die heilige Stadt* ***Jerusalem ...***
Offenbarung 21,10a

Jesus sagte, dass er mir auf dem Weiten Feld nun nicht mehr begegnen würde. Er würde mir etwas Neues zeigen, das himmlische Jerusalem. Deshalb würde er mir fortan an diesem Ort begegnen.

Bild 12

Das himmlische Jerusalem

Ich bemerkte, dass ich mich erneut vor dem Perlentor befand. Jesus war mir ganz nah. Ich betrachtete die schimmernde, von innen leuchtende Halbkugel inmitten der sich nach allen Seiten ausstreckenden goldenen Fläche, die senkrecht – nach rechts, links, oben und unten – wie eine unfassbar große Mauer vor uns aufragte.

Jesus fragte mich, ob ich die Stadt von innen oder von außen sehen wolle und meine Antwort war: „Zunächst von außen." Im gleichen Augenblick befanden wir uns sehr weit entfernt und konnten das ganze Gebilde übersehen. Vor mir lag ein verwirrendes, glänzendes, leuchtendes Etwas.

Zunächst dachte ich, die Seiten eines Würfels erkennen zu können, doch Jesus sprach in meine Gedanken hinein, dass die Beschaffenheit dieser Stadt nicht mit beschränkter menschlicher Wahrnehmung zu verstehen sei. Dieses Gebilde sei kein Würfel nach meinem Verständnis, ja, noch nicht einmal dreidimensional, sondern völlig frei von derartigen irdischen Begrenzungen. Diese Stadt sei himmlisch und alles Irdische wäre nicht in der Lage, das Vollkommene zu verstehen. Ewige, himmlische Vollkommenheit kann man als Mensch nur erahnen, aber nicht verstehen oder erfassen.

Ich wusste, dass Johannes in der Offenbarung geschrieben hatte, dass die Höhe, die Breite und die Länge der Stadt gleich sein, also einen Würfel bilden würden, ein Bild für Vollkommenheit.

Und die Stadt ist viereckig angelegt, und ihre Länge ist so groß wie die Breite. Und er maß die Stadt mit dem Rohr auf 12.000 Stadien[20]*;* ***ihre Länge und Breite und Höhe sind gleich.***
Offenbarung 21,16

Das Bild, das sich mir bot, war irritierend und mit nichts Irdischem vergleichbar. Es war leuchtend, strahlend, teilweise wie glühend und bestand aus unterschiedlichen, verwirrend ineinander verschachtelten und sich gegenseitig durchdringenden Ebenen, Körpern, Schichten und auch gewölbten, sphärischen Flächen. Man kann es sich vielleicht so vorstellen, wie wenn man mit Beamern oder Diaprojektoren hunderte von verschiedenen leuchtenden Körpern und Flächen übereinander projizieren würde. Doch dies hier war real.

Plötzlich befanden wir uns wieder ganz nah vor der goldenen Mauer. Die verwirrende Vielfalt der ineinander verschachtelten Körper und Flächen war für mich nun nicht mehr wahrzunehmen, nur diese Wand vor uns.

Sie bestand aus etwas, was ich als „von innen leuchtendes Gold“ beschreiben möchte. Ich gehorchte der Aufforderung, diese Mauer anzufassen, zog aber erschrocken meine Hand wieder zurück. Das, was ich für Gold gehalten hatte, war keine irdische oder mit etwas Irdischem vergleichbare Substanz.

Und der Baustoff [wörtlich: das Hineingebaute] *ihrer Mauer war Jaspis und die Stadt* ***reines Gold, gleich reinem Glas****.*
Offenbarung 21,18

20 Sofern man für die Bemessung einen irdischen Maßstab anlegt, kann man davon ausgehen, dass das griechische Maß eines Stadions eine Länge von 600 griechischen Fuß besaß, cirka 185 Meter. 12.000 Stadien á 185 Meter ergeben 2.220.000 Meter, also 2.220 Kilometer. Siehe: Lukas 24,13; Johannes 6,19; 11,18; Offenbarung 14,20; 21,16.

Es war vergleichbar der faszinierenden Substanz, die ich bei der Haut Jesu wahrgenommen hatte. Es erinnerte an glühende Lava, im Inneren wie pulsierend, wie das Leuchten in der Glut eines Feuers, aber eher unbewegt. Auch diese Substanz war nicht heiß, sondern fühlte sich angenehm kühl an.

Tief erschrocken wurde mir ganz plötzlich etwas bewusst: Das lebt ja! Dieses ganze Gebilde, die ganze Stadt war ein lebendes Objekt! Ich war verblüfft und beunruhigt. Dieses gigantische und völlig unirdische Objekt vor mir war ein lebender Organismus. Diese Erkenntnis war mir durchaus nicht angenehm. Dies war mit nichts Irdischem mehr vergleichbar und wirklich fremdartig.

In der Offenbarung wird dieses Objekt eine „Stadt" genannt und auch ich hatte, ohne nachzudenken, diese Bezeichnung übernommen. Aber dies hier war nicht mit einer uns bekannten irdischen Stadt zu vergleichen.

Jesus erklärte mir, dass dieses Objekt komplett und ausschließlich aus lebendigen Steinen bestehen würde und die ganze Stadt Leben in sich hätte. Es wäre keine tote Materie, sondern Leben. Gott selbst als Licht und Leben sei innerhalb dieser Stadt, die aus lebendigen Bauteilen zusammengesetzt ist.

Zu ihm kommend als zu einem ***lebendigen Stein****, von Menschen zwar verworfen, bei Gott aber auserwählt, kostbar, lasst euch auch selbst als* ***lebendige Steine*** *aufbauen, als* ***ein geistliches Haus*** *… Denn es ist in der Schrift enthalten: Siehe, ich lege in* ***Zion*** *einen auserwählten, kostbaren Eckstein; und wer an ihn glaubt, wird nicht zuschanden werden.*
1. Petrus 2,4-6

Allerdings nahm ich keine einzelnen Steine wahr, sondern nur die völlig naht- und fugenlose goldene Fläche ohne den geringsten Makel. Das Perlentor leuchtete aus dem glühenden Gold weiß schimmernd hervor.

Jesus betonte, dass diese Stadt – als Gemeinde, als Leib, als Braut – ein Bild für etwas sei, das in seiner Komplexität für den irdischen Verstand nicht nachvollziehbar ist.

Und ich sah die heilige Stadt, ***das neue Jerusalem****, aus dem Himmel von Gott herabkommen, bereitet wie eine für ihren Mann geschmückte* ***Braut****.*
Offenbarung 21,2

Bild 13

Eine lebende Stadt

Ich stellte fest, dass ich mich wieder neben Jesus befand und das himmlische Jerusalem strahlend, leuchtend und hell in großer Entfernung vor uns liegend erblickte.

Die geometrische Hauptform, die ich erahnen konnte, glich diesmal etwas deutlicher einem verschachtelten Würfel. Doch das Objekt bestand aus einer Unmenge leuchtender Ebenen und gewölbter Flächen, die teilweise weit über diesen inneren Kubus hinausgingen. Letztendlich gab es keine klar erkennbare Form, wenn auch die Beschreibungen „Würfel" und „glühend" am ehesten die Erscheinung zu beschreiben vermögen.

Die heilige Stadt Jerusalem, wie sie aus dem Himmel von Gott herabkam, und sie hatte ***die Herrlichkeit Gottes****. Ihr* ***Lichtglanz*** *war gleich einem sehr kostbaren Edelstein …*
Offenbarung 21,10-11

Wieder erklärte mir Jesus, dass das himmlische Jerusalem nicht an irdische Dimensionen gebunden sei, sondern weit darüber hinausgehend eine für uns nicht vorstellbare Anzahl himmlischer Dimensionen besitzen würde. Das himmlische Jerusalem sei vollkommen! Und zwar himmlisch vollkommen, göttlich vollkommen. Das ist für begrenzte, irdische Erkenntnis völlig unmöglich zu verstehen. Als Menschen können wir in drei Dimensionen denken, hier jedoch ist dimensionale Unbegrenztheit. In Ewigkeit werden wir über die göttliche Vollkommenheit und Ordnung staunen.

Ich fand, dass sich das Gebilde durchaus als „Bau", als „Bauwerk", als etwas Errichtetes, Gebautes, bezeichnen ließ, ja, dass kein anderer Begriff dafür zutreffender wäre. Trotzdem war die Assoziation an ein Bauwerk völlig unzureichend und unangemessen. Das ganze Gebilde lebte, war von pulsierendem Leben geradezu gefüllt.

In Gotteserscheinungen brachte er mich in das Land Israel, und er ließ mich nieder auf einen ***sehr hohen Berg****; und auf ihm, im Süden, war* ***etwas wie der Bau einer Stadt****.*
Hesekiel 40,2

Im Inneren verstand ich etwas: Wie jedes Lebewesen auf der Erde aus einzelnen, lebenden Zellen aufgebaut ist, wie Glieder einen Leib bilden und dabei trotz ihrer Eigenart zu einem Ganzen verschmelzen, oder wie Steine zu einem Bauwerk vereint werden, so bildet sich aus jedem einzelnen lebendigen Baustein, jedem Kind Gottes, diese himmlische Schöpfung, die Jesus als seine Braut bezeichnet. Es war eigentlich völlig verständlich, dass diese Stadt leben muss. Was soll sie sonst in der Gegenwart des allmächtigen Gottes tun? Im himmlischen Jerusalem kann es keinerlei tote Materie geben, denn Gott lebt darin – und damit nichts anderes als das Leben selbst.

Mir wurde bewusst, dass kein Stein fehlen darf, nicht ein einziger. Mit nur einem einzigen fehlerhaften oder fehlenden Stein wäre dieses Gebilde bereits nicht mehr vollkommen.

Denn wir wissen, dass, wenn unser irdisches Zelthaus zerstört wird, wir ***einen Bau von Gott*** *haben, ein nicht mit Händen gemachtes, ewiges Haus in den Himmeln.*
2. Korinther 5,1

Das Perlentor

Ich entdeckte, dass ich mich direkt vor dem Perlentor befand und es betrachtete. Es schien von innen heraus zu glühen. Glut erschien mir das einzige Wort zu sein, das sich in der irdischen Begrifflichkeit für die Erscheinung eignete. Die Farbe, die Anmutung und die Oberfläche erinnerten tatsächlich an Perlmutt. Die Oberfläche war angenehm, seidig und geschmeidig. Es schimmerte und man konnte tief hineinsehen. Der Begriff „Perlentor" passte.

Und die zwölf Tore waren zwölf Perlen, je eines der ***Tore*** *war aus einer* ***Perle****, und die Straße der Stadt reines* ***Gold****, wie durchsichtiges Glas.*
Offenbarung 21,21

Ich wusste, dass die zwölf Tore durch die zwölf Stämme Israels gebildet wurden und so fragte ich Jesus, zu welchem Stamm das Tor vor uns gehörte. Zu meiner Verblüffung hörte ich unmittelbar darauf die Antwort: „Sebulon". Das hatte ich irgendwie nicht erwartet. Sebulon war der zehnte Sohn Jakobs und der sechste und jüngste Sohn Leas, Sein Name bedeutet „Herrschaft" und hat auch mit „Wohnung" zu tun.[21]

Sie hatte eine große und hohe Mauer und hatte zwölf Tore und an den ***Toren*** *zwölf Engel und Namen darauf geschrieben, welche* ***die Namen der zwölf Stämme der Söhne Israels*** *sind …*
Offenbarung 21,12

21 1. Mose 30,20; 1. Mose 49,13

Dann fragte ich den Herrn, wie weit der Bau dieser Stadt bereits vorangeschritten sei, denn in meinem Inneren wusste ich, dass dieses Gebilde noch nicht vollendet war. Diesmal war seine Antwort noch überraschender: „Die Hälfte der Steine, die das himmlische Jerusalem bilden, fehlen noch. Die wenigsten der noch fehlenden Menschen kennen mich bis jetzt oder wissen, dass sie bestimmt sind, ein Teil der himmlischen Braut zu sein!“

Mir fiel dazu ein, dass durch die Bevölkerungsexplosion laut Statistik die Hälfte aller Menschen, die es überhaupt jemals gegeben hat, jetzt und heute leben. Und über die Hälfte dieser Menschen wiederum ist unter 20 Jahren alt. Die Aussage Jesu, dass der Bau des himmlischen Jerusalems erst knapp die Hälfte seiner Fertigstellung erreicht hätte, wurde mir in meinem Inneren in den kommenden Monaten mehrfach bestätigt. Die Vollzahl sei noch nicht erreicht.[22]

Doch ich wusste auch, dass für den Bau dieser himmlischen Stadt die irdisch-zeitliche Komponente völlig unbedeutend war. Hier war etwas Ewiges und es bedarf keiner weiteren 2.000 Jahre, um den Bau zu vollenden. Es bedarf der von Gott gesetzten Anzahl lebendiger Steine. Und so, wie die Zahl dieser Steine an jedem einzelnen Tag zunimmt, so wächst auch der himmlische Bau.

*Wir haben hier keine bleibende **Stadt**, sondern die zukünftige suchen wir.*
Hebräer 13,14

---

22 Römer 11,25

Bild 15

Durch das Tor

Während einer Lobpreiszeit sah ich mich von hinten – außerhalb von mir selbst – vor dem Perlentor stehen. Es war nur ein kleiner Schatten vor der schimmernden, hellen Fläche. Nun konnte ich erkennen, wie groß dieses Tor in etwa sein musste. Im Vergleich zu meiner Körpergröße musste das Tor einen Durchmesser von weitaus mehr als 100 Metern besitzen.

Dann befand ich mich plötzlich wieder in meinem Körper. Jesus stand neben mir. Mir war bewusst, dass ich mich nun durch dieses Tor hindurchbewegen sollte. Kurz darauf befand ich mich auch schon im Inneren der Perle. Ich glitt einfach in sie hinein und war sogleich von der perlmuttartigen, schimmernden, glühenden Substanz völlig eingehüllt. Ich konnte mich innerhalb dieser Substanz, die überall um mich herum war, frei bewegen und vermochte auch ein kleines Stück weit zu sehen. Es war wie extrem dichter, leuchtender Nebel und erinnerte mich daran, wie es ist, wenn man sich im Wasser bewegt und unter Wasser sehen kann.

Wir bewegten uns langsam durch das Perlentor hindurch. Nach einiger Zeit hielt Jesus inne. Falls diese Perle die Form einer Kugel hatte, müssten wir sie nun bald ganz durchquert haben und in Kürze wieder aus dieser Substanz heraustreten. Allerdings konnte ich nichts außer dem leuchtenden Perlmutt vor mir und, aus dem Augenwinkel heraus, Jesus neben mir erkennen.

Dann sah ich unerwartet wieder die Situation vor mir, bei der Jesus mich durch sein Locken aus der Wüste durch den hohen Torbogen in der gewaltigen Mauer in das Land hineingerufen hatte. Ich erinnerte mich daran, dass ich in das kalte, klare Wasser des Baches steigen musste und wie dieses Wasser mich durchdrang und reinigte. Plötzlich wurde mir bewusst, dass es mir auch hier nicht möglich sein würde, ohne Reinigung weiter durch dieses Perlentor schreiten zu können.

Unmittelbar darauf erklärte mir Jesus, dass er mich auch hier reinigen müsse. Ich blickte an mir herunter, vermutlich um zu sehen, ob ich verschmutzt war. Ich hatte die unbewusste Erwartung, ein langes, weißes Gewand zu tragen, doch zu meiner Überraschung erkannte ich, dass ich die Rüstung trug, die Jesus mir vor einiger Zeit angelegt hatte.

Dann geschah etwas Unerwartetes. Jesus kniete sich direkt vor mir nieder und begann nach kurzem Innehalten die Riemen meiner hoch und fest gebundenen Ledersandalen zu lösen. Er zog mir die Schuhe aus, wobei mir besonders auffiel, dass ich dazu meine Beine nicht anzuheben brauchte, er zog sie einfach nach unten hin weg. Dann fing er an, mir die Füße zu waschen. Plötzlich war Wasser da und ohne Tuch, direkt mit seinen Händen, reinigte er mir die Füße. Obwohl ich die Geschichte und die Bedeutung der Fußwaschung[23] seit Langem kannte, geschah dies in dieser eigentümlichen Umgebung sehr unerwartet. Ich war ergriffen, irritiert und fast befremdet. Einen Augenblick lang fühlte ich mich versucht, ähnlich wie Petrus zu reagieren und es ihm zu verwehren, es lag mir schon auf der Zunge. Aber ich verstand, dass Jesus hier etwas tat, was unbedingt notwendig war. Fast bis zum Knie hinauf reinigte er mir die Füße und die Unterschenkel.

---

23 Johannes 13,1-17

Danach strahlte er mich begeistert an.

Nur einen Augenblick später, für mich ganz unerwartet, traten wir aus dem Tor heraus ins Innere der Stadt. Uns bot sich, bei völlig klarer Sicht, in der man auch weit entfernte Dinge sehen konnte, ein gewaltiges Bild. Direkt unter uns, gewissermaßen zu unseren Füßen, erstreckte sich Zion, das himmlische Jerusalem.

Wir befanden uns oberhalb der goldenen Stadt, nicht in großer Höhe darüber, sondern eher, wie wenn man aus einem sehr hohen Wolkenkratzer auf eine darunter ausgebreitete Stadt blickt. Dieses Bild erinnerte mich stärker an eine irdische Stadt, als das, was ich bisher gesehen hatte. Es waren Strukturen zu sehen, die mich an Straßenzüge, Gebäude und Plätze erinnerten. Dennoch war auch hier der Begriff „Stadt" irreführend. Alles war leuchtend, pulsierend, glänzend und sehr hell. Es war so hell und strahlend, dass ich trotz der klaren Sicht keine kleineren Details wahrnehmen konnte. Doch eins war offensichtlich: Auf dem gesamten von mir zu überblickenden Bereich wurde eifrig gebaut. Was ich sah, war eine gigantische Baustelle. Diese Stadt, dieses lebende Gebilde, wuchs unaufhaltsam empor.

Wie wir gehört haben, so haben wir es ***gesehen*** *in der* ***Stadt des HERRN*** *der Heerscharen, in der Stadt unseres Gottes; Gott wird sie fest gründen bis in Ewigkeit.*
Psalm 48,9

Bild 16

Die Stadt von fern

Ich empfand, dass ich innerlich aufgefordert wurde zu sehen. Ich gehorchte und stand sogleich wieder hinter dem Perlentor innerhalb des himmlischen Jerusalems. Vor mir breitete sich die wahrhaft gigantische Baustelle der Stadt aus. Über mir erblickte ich leuchtende, sphärische Flächen und etwas wie zarte kugelförmige Gebilde aus Licht.

Plötzlich entfernte ich mich rasend schnell von dem Platz, an dem ich mich befunden hatte, und die leuchtende Stadt wurde immer kleiner und kleiner, bis sie nur noch ein hell strahlender Stern zu sein schien. Die verwirrenden, verschachtelten, ineinander fließenden und allesamt durch die zart leuchtende Oberfläche erkennbaren sphärischen Flächen und Körper – es waren auch welche dabei, die wellenförmig aussahen – gruppierten sich in unvorstellbaren Ausmaßen um die Stadt herum. Ich sah zahlreiche Lichtflächen und geometrische Lichtobjekte. Sphärisch, gewölbt oder ganz flächig umgaben sie die Stadt, umleuchteten sie, waren auch wie ein Strahlen, das von ihr selbst ausging. Manche waren nur als zarte Kanten zu sehen, andere waren wie eine ganze Ebene aus Licht, komplex in einer für mich nicht erkennbaren Ordnung angeordnet. Ich erblickte etwas wie eine gigantisch große, häuserartige Struktur, ebenfalls nur zart leuchtend. Sie war kaum sichtbar, aber doch als etwas Strukturiertes, Gebautes zu erkennen.

Wieder hörte ich in meinem Inneren, dass es sich hierbei um eine für mich unverständliche Dimension handelte, die ich lediglich erahnend sehen könnte. Ich erwiderte, dass wir uns Tausende von Kilometern von der Stadt entfernt befinden müssten, doch der Herr erklärte mir, dass irdische Größenordnungen hier nicht anwendbar seien.

Zu einem späteren Zeitpunkt dachte ich über den Himmel und das himmlische Jerusalem nach und spürte, wie Jesus mir voller Begeisterung etwas zeigen wollte. Ich folgte ihm und sofort befanden wir uns vor den Mauern des himmlischen Jerusalems, außerhalb der Stadt. Ich sah vor mir den Eckpunkt eines klaren geometrischen Würfels oder Quaders mit drei völlig glatten, fugenlosen, ebenen Flächen, die sich in diesem Eckpunkt rechtwinklig trafen.

Ich blickte an einer der Außenflächen empor. Es war eine absolut makellose goldene Fläche, die sich Hunderte von Kilometern vor mir ausbreitete. Ich wunderte mich über die äußerst präzise geometrische Figur. Doch Jesus sagte mir, dass der Würfel das vollkommene Abbild der drei Dimensionen sei, in denen wir uns als Menschen bewegen. Deshalb würde ich dieses weit über alles menschliche Erfassungsvermögen hinausgehende Objekt in dieser Weise wahrnehmen.

Er forderte mich auf, meine Hand auf eine der goldenen Flächen zu legen. Sie war ganz glatt und still und doch spürte ich pulsierendes Leben darin. Ich blickte ihn an und sagte: „Die Stadt lebt!"

„Ja, es ist ein lebendes Wesen, doch es ist nicht mit menschlichem Verstand zu erfassen. Es ist meine Braut, voller Herrlichkeit.

Sie ist voll pulsierendem Leben und voller Schönheit. Sie war den größten Brautpreis aller Zeiten wert. Ich werde in Ewigkeit mit ihr vereint sein. Du siehst nur ein geometrisches Objekt mit deinen Augen. Doch dies ist nichts, was für deine Augen gemacht ist, die nur drei Dimensionen kennen."

Ich wusste, dass ich die Stadt nur aus direkter Nähe als solch einen klar umrissenen Kubus wahrnehmen konnte und dass ich einen der Ecksteine des himmlischen Jerusalems, die in der Bibel als Edelsteine bezeichnet werden, vor mir sah. Ich fragte, was dies hier sei. Jesus antwortete: „Ein Sarder-Onyx."

Ich konnte nichts dergleichen erkennen und sah nur die goldenen Flächen. Einen in irgendeiner Weise abgesetzten oder erkennbaren Eckstein vermochte ich nicht zu sehen. Der Sarder-Onyx (griech. *sardonyx*) ist ein Achat mit braunen oder roten und weißen Schichten. Es ist der fünfte Grundstein des himmlischen Jerusalems.

Die Grundsteine der Mauer der Stadt waren mit jeder Art Edelstein geschmückt: der erste Grundstein ein Jaspis; der zweite ein Saphir; der dritte ein Chalzedon; der vierte ein Smaragd; der fünfte ein ***Sardonyx****; der sechste ein Sarder; der siebente ein Chrysolith; der achte ein Beryll; der neunte ein Topas; der zehnte ein Chrysopras; der elfte ein Hyazinth; der zwölfte ein Amethyst.*
Offenbarung 21,19-20

Bild 17

Das Schatzhaus

Mir lag ein besonderes Fürbitteanliegen auf dem Herzen. Ich vernahm, wie Jesus mich aufforderte und sagte: „Komm!"

Kurz darauf befanden wir uns innerhalb eines äußerst großen Innenraumes, so groß, dass ich zuerst dachte, es würde sich um eine gigantische Höhle handeln. Es war sehr hell und an den Wänden befanden sich zahlreiche umlaufende Emporen. In dem Raum herrschte rege Betriebsamkeit.

Ich fragte Jesus, was das hier sei und er antwortete mir: „Das ist das Schatzhaus. Hier kannst du die Segnungen empfangen. Hier gebe ich dir das, was du an andere weitergeben kannst. Du kannst nichts weitergeben, was du nicht zuerst empfangen hast."

Dann forderte er mich auf, meine Hände aufzuhalten.

Ich hielt meine beiden Hände auf, wie zu einem Schüsselchen geformt und er legte etwas hinein. Es war ein Holzkästchen, das ihm nur einen Augenblick zuvor von einem Engel überbracht worden war. Es war dunkelbraun und als ich es öffnete, befand sich darin ein höchst filigraner Mechanismus. Es erinnerte mich an eine in großer Handwerkskunst erstellte Uhr oder einen komplizierten Kompass. Der Mechanismus war aus Gold. Ich war irritiert.

Als ich fragte, was es sei, sagte Jesus: „Das ist eine Kostbarkeit." Er erklärte mir, dass ich sie freisetzen und weitergeben sollte. Ich tat es, indem ich es im Glauben aussprach und ohne dass ich es bemerkte, entschwand sie aus meinen Händen.

„Das ist es!" sagte Jesus. „Du empfängst und du gibst. Ich bin der Geber – und du gibst es einfach weiter."

Denn jeder Bittende empfängt …
Matthäus 7,8

Bild 18

Eine große Kostbarkeit

Während einer Gebetszeit für Menschen, die mir am Herzen lagen, lehrte mich der Herr weiter über das Empfangen himmlischer Segnungen. Er erklärte mir, dass ich bisher zwar beten und proklamieren, aber nicht nehmen würde. Ich müsste das Erbetene auch aktiv nehmen, ergreifen und empfangen, um es tatsächlich zu haben. Ich könnte nur weitergeben, was ich zuvor erhalten hätte.

Kurz darauf sah ich mich mit Jesus wieder in den gigantischen Raum eintreten. Dieses Schatzhaus war eine wirklich überwältigend große Halle, hell, riesig, hoch, und so lang, dass der hintere Bereich im gleißenden Licht wie in einem hellen Nebel verschwand. Das Ende des Raumes war nicht zu erkennen. Rundum verliefen zahlreiche Emporen, gefüllt mit Schränken, Regalen und Vitrinen mit unzählbar vielen Dingen, die ich im Einzelnen nicht erkennen konnte.

Dann empfing Jesus etwas von einem Engel. Er hielt beide Hände zusammen, hielt sie mir hin und ich blickte hinein. Darin lag ein kleines Pergamentpapier. Es war quadratisch und vielleicht 8 x 8cm groß. Ich betrachtete es und las:

„Du kannst mir vertrauen, denn ich gab alles für dich. Ich gab dir mehr, als du selbst für dich gabst. Du kannst meiner Liebe vertrauen, meiner Führung, meiner Kraft, meiner Weisung, meinem Leben. Du kannst mir vertrauen. Ich werde dich nie enttäuschen. Jesus“

Ich wusste, dass dieser Zuspruch der Person galt, für die ich soeben gebetet hatte und fragte: „Was ist das?" Jesu Antwort überraschte mich: „Das ist eine große Kostbarkeit. Es ist geschrieben mit dem Blut meines Herzens."

Ich formte meine Hände wieder zu einem Schüsselchen und er legte das Pergament hinein. Dann betete ich und das Papier befand sich nicht mehr in meinen Händen.

Jesus wies mich deutlich darauf hin, dass die Dinge dieses Schatzhauses nicht beliebig von mir geholt oder eingesetzt werden könnten. Er allein würde sie geben und ich sie dann weitergeben. Ich wäre wie ein Briefträger, der Briefe voller Segnungen austrägt. Sie seien nicht für mich bestimmt: „Du greifst ins Geistliche hinein und holst es ins Natürliche herunter. Du siehst in der geistlichen Welt mit den Augen des Glaubens, und das, was du dort gesehen und empfangen hast, setzt du frei."

Wir standen nebeneinander in diesem himmlischen Lagerhaus und er sagte: „Hier gibt es Kostbarkeiten, für die auf der Welt Kriege geführt würden, Reichtümer, Segnungen. Es sind Gebetserhörungen. Alle diese Dinge sollen freigesetzt werden. All diese Reichtümer möchte ich Menschen schenken. Heilungen, Wiederherstellungen, Segnungen aller denkbaren Art."

Jesus wies mich darauf hin, dass es insgesamt sieben der umlaufenden Galerien übereinander gab. Er sagte mir, dass hier Millionen von Gaben aufbewahrt würden. Der Boden, der mir bisher noch nicht aufgefallen war, bestand aus poliertem Stein und glänzte. Ich war barfuß. Aber meine Füße nahmen auf dem glatten Stein kein Gefühl von Kälte wahr. Es war angenehm.

Während verschiedener Gelegenheiten betrat ich diesen beeindruckenden Raum immer wieder. Wenn ich Jesus hier ein Anliegen in Fürbitte für einen anderen Menschen vorbrachte, erschien kurz darauf ein Engel, der ihm etwas brachte, was er mir dann in meine geöffneten Hände legte. Es waren die unterschiedlichsten Dinge und mitunter brauchte ich einige Zeit, um zu erkennen, um was es sich handelte. Im Folgenden nur wenige der Dinge, die Jesus mir gab, um sie dann weiterzugeben.

Ein großer Tropfen einer samtig-warmen Flüssigkeit, die beide Hände ausfüllte. Sie war goldfarbig wie schimmerndes Öl und erinnerte mich an Flüssigkeit in einem schwerelosen Raum, die eine kugelförmige Gestalt und ein „Ganzes" bildete, obwohl sie flüssig war. Es war Erfrischung, Salbung und Ausrüstung.

Ein schwerer, kurzer Stab, der mich an eine Rolle erinnerte. Es war ein goldfarbiges, kurzes Fernglas. Es diente dazu, geistliche Dinge detailliert und genau sehen zu können, die weit entfernt lagen und anderen verborgen waren.

Eine „Hand voll Herrlichkeit". Es war eine kleine, aus sich selbst heraus leuchtende, strahlende Wolke aus einer weichen, übernatürlichen Masse.

Ein kleines Schwert wie ein Kurzschwert oder ein Dolch.
Es sah ungewöhnlich aus, war aus einem Stück gearbeitet und hatte keinen Schaft. Griff und Klinge waren eins. Es war extrem scharf und für den geistlichen Nahkampf vorgesehen. Mir wurde bewusst: Wenn Gott es zulässt, dass der feind dieser Person sehr nahe kommt, dann deshalb, damit er mit diesem Schwert erledigt werden soll.

Ein funkelnder und sehr großer Diamant, völlig klar, aber nicht weißlich, sondern in tiefem Blutrot.

Ein „Wirbel". Ich erkannte ihn erst nicht, er sah unwirklich aus. Er passte in meine beiden Hände, drehte sich schnell, leuchtete und funkelte. Es flogen Funken von ihm aus, was an eine Wunderkerze erinnerte. Er würde Dinge aufwirbeln, auf denen schon eine alte, zentimeterdicke Staubschicht lag. Er würde Dinge ans Licht bringen und Verborgenes offenbar machen.

Wie viel mehr wird euer Vater, der in den Himmeln ist, Gutes geben denen, die ihn bitten!
Matthäus 7,11

Bild 19

Der Thronsaal

Ich bemerkte, dass ich mich in einem Schwebezustand innerhalb eines kugelförmigen Raumes befand. Dieser war sehr hell und gigantisch groß, weit über das hinausgehend, was man sich als irdisches Bauwerk vorzustellen vermag. Es war schlichtweg überwältigend. Der Durchmesser des Innenraumes mag weitaus mehr als 100 Kilometer betragen haben, allerdings erschienen mir irdische Maßangaben hier völlig unangebracht zu sein. Goldenes Licht strahlte von dem gesamten umgebenden Gewölbe, der Umhüllung dieses Raumes aus, sie leuchtete geradezu von selbst in angenehmem, goldgefärbtem Licht.

Im Zentrum des Raumes befand sich ein massiver, wuchtiger Gegenstand aus einem bräunlichen, stumpfen Material. Ich vermutete, dass er wohl aus einem steinartigen Stoff bestehen würde. Er war wie eine riesige runde Scheibe, ein flacher Zylinder, von den Proportionen ähnlich wie ein Mühlstein, auf dessen Ober- und Unterseite sich jeweils eine weitere Scheibe befand, die wesentlich kleiner im Durchmesser war. Das Objekt erinnerte mich im ersten Augenblick an eine runde Parkbank, die rund um einen Baumstamm herum angelegt war. Allerdings war nach unten, am Sockel, nochmals eine solche Bank sozusagen spiegelbildlich angesetzt. Die runde Bank besaß gewissermaßen oben und unten eine jeweils ringförmige Sitzfläche.

Es dauerte etliche Zeit, bis ich erkannte, dass dies der Thron Gottes sein musste.

Der Thron war verblüffenderweise in zwei Richtungen ausgerichtet. Es war ein Doppelthron mit zwei Plätzen. Doch diese lagen nicht nebeneinander, sondern sich gegenüber. Da sich der Thron frei in der Mitte des kugelförmigen Raumes befand, gab es kein Oben und kein Unten.

Es überraschte mich, dass die beiden Sitzflächen des Thrones jeweils ringförmig waren. Ein Mensch hätte, auf dem Thron sitzend, immer nur in eine Richtung schauen können, aber im Inneren wusste ich, dass dies bei Gott nicht so ist. Er ist völlig anders, als wir es mit unserem beschränkten und gefallenen Verstand ermessen können. Der Thron mit seiner runden Sitzfläche war genau richtig für ihn geschaffen. Ich wusste, dass er gleichzeitig auf der gesamten Fläche sitzen und in alle Richtungen schauen konnte, ja, dass alles andere eine Einschränkung seines Wesens gewesen wäre.

Der HERR ist in seinem heiligen Palast, der HERR – ***in den Himmeln ist sein Thron****.*
Psalm 11,4

Mir war klar, dass die eine Seite des Thrones dem Vater, die andere Jesus, dem Sohn, zustand, die in völliger Einheit zusammen auf dem Thron sitzen würden. Ich hatte mir den Thron Gottes bisher immer als einen Thron im irdischen Sinne mit Rücken- und Armlehnen vorgestellt. Auch der kugelförmige Thronsaal mit seiner filigranen Hülle verblüffte mich, doch der monumentale Steinkoloss mit den zwei entgegengesetzt angeordneten Sitzflächen widersprach völlig meinem bisherigen Denken. Auch die stumpfe Oberfläche schien so gar nicht zu der Atmosphäre des Raumes zu passen. Ich nahm wahr, dass er gigantisch in seinen Ausmaßen war, allein das Mittelstück, von Sitzfläche zu Sitzfläche, muss, nach meinem menschlichen Ermessen, mehrere Kilometer breit gewesen sein.

Allerdings sah ich niemanden auf dem Thron sitzen, es war mir noch nicht geoffenbart. Ich war äußerst irritiert.

In dem weitläufigen Bereich zwischen Thron und der Außenhülle sah ich, an verschiedenen Stellen frei im Raum schwebend, große Menschenmengen. Diese Erscheinung ist schwer zu beschreiben. Die Menschen dieser Gruppen befanden sich in perfekter Ordnung stehend, sozusagen in Reih und Glied, wie nach einem unsichtbaren Raster angeordnet. Die Entfernung der einzelnen Menschen war relativ groß, nach meiner Schätzung vielleicht acht Meter. Das Ganze sah wie ein absolut gleichmäßiges, filigranes und unsichtbares Netz aus, an dessen Knotenpunkten jeweils ein Mensch stand.

Alle Menschen schauten auf die Mitte hin, zum Thron. Jedes einzelne dieser Netze bestand aus mehreren Tausend Menschen pro Seitenlänge, es standen also immer mehrere Millionen Menschen zusammen. Vor der Wuchtigkeit des Thrones und der Größe des Raumes waren die einzelnen Menschen nicht erkennbar und jedes der Netze wirkte völlig durchscheinend, regelrecht zart, fast so wie ein Mückenschwarm vor dem Sommerhimmel. Wenn man aus einiger Entfernung von oben auf ein solches Netz blickte, konnte man es kaum wahrnehmen vor dem hellen, goldscheinenden Hintergrund.

Es gab etliche dieser Netze innerhalb des Raumes. Jedes bildete eine Ebene, die an unterschiedlichen Stellen frei im Raum schwebte. Alle waren geometrisch deutlich auf den Mittelpunkt des Raumes ausgerichtet.

Einige Male glitt ich über einige dieser Ansammlungen von Menschen hin. Wenn man sie aus einem flachen Winkel betrachtete, in geringer Höhe über den Köpfen, so blickte man jeweils über eine schier unglaubliche Menge von Menschen. Bis zum Ende des Blickfeldes war ein Meer von Köpfen zu sehen. Mir wurde klar, dass der biblische Begriff „Heer" für diese großen Gruppen weitaus angemessener war als „Netz".

Der HERR hat im ***Himmel*** *aufgerichtet seinen* ***Thron****, und seine Herrschaft regiert über alles. Preist den HERRN, ihr seine Engel, ihr Gewaltigen an Kraft, Täter seines Wortes, dass man höre auf die Stimme seines Wortes! Preist den HERRN, alle seine* ***Heerscharen****, ihr seine Diener, die ihr seinen Willen tut. Preist den HERRN, alle seine Werke an allen Orten seiner Herrschaft! Preise den HERRN, meine Seele!*
Psalm 103,19-22

Mir war innerlich bewusst, dass hier solche Heere nicht nur von Menschen, sondern auch von Engeln in Disziplin und perfekter Ordnung vor dem Thron standen. Unser Gott ist der „Herr der Heerscharen". Allerdings sah ich zunächst noch keine Engel.

Etwas, was mir von Anfang an aufgefallen war, war ein heller, weiß-goldener Strahl, der oben und unten aus der Mitte des Thrones herauskam. Er war wie eine Längsachse, durch den Mittelpunkt des aus den kreisförmigen Scheiben gebildeten Thrones. Der Strahl verlief in beide Richtungen bis zum Rand der Außenhülle.

Ganz offensichtlich war dieser helle Strahl das, was in diesem kugelförmigen Innenraum wie eine Orientierungsachse wirkte, die allem anderen eine räumliche Zuordnung zuwies. An den beiden Enden, an denen der Strahl die Umhüllung berührte, sah ich, dass er herausstrahlte oder vielleicht besser: herausfloss; allerdings war nicht zu erkennen, wohin er sich dann bewegte.

Dieser Strahl bestand, als ich ihn näher betrachtete, aus der gleichen, nicht zu beschreibenden Substanz, die ich in der verherrlichten Erscheinung Jesu gesehen hatte. Es war wie glühende Lava, jedoch in sehr schneller Bewegung. Im Inneren pulsierte sie, ja, loderte geradezu. Es war wie ein Gemenge aus Licht, Wasser, Wind und Feuer und besaß eine durchaus greifbare, reale Substanz. „Strom“ ist ein Ausdruck, der es eher verdeutlichen mag als Strahl. Dieser leuchtende Strom strömte kraftvoll und mit hoher Geschwindigkeit in die beiden Richtungen – sozusagen nach oben und unten – aus dem Thron heraus. Ich sah keine weiteren Öffnungen in der Außenhülle als nur diese beiden runden Bereiche, aus denen dieser Strom herausfloss.

Er floss nicht in einem Becken, einer Rinne oder irgendeiner Art von Behältnis, sondern völlig rund frei im Raum, wie der Wasserstrahl, der aus dem Stutzen eines großen Feuerwehrschlauches herausschießt oder der scharfe Lichtkegel eines Suchscheinwerfers.

Beim näheren Betrachten des Stromes wurde ich an die leuchtende Wolke der Herrlichkeit zur Zeit der Wüstenwanderung des Volkes Israel im Alten Testament erinnert. Dies musste die gleiche Substanz sein. Allerdings war sie hier im Thronsaal im kraftvollen Fluss, sie strömte voller Stärke.

Ich schaute, bis Throne aufgestellt wurden und einer, der alt war an Tagen, sich setzte. Sein Gewand war weiß wie Schnee und das Haar seines Hauptes wie reine Wolle, sein ***Thron*** *Feuerflammen, dessen Räder ein loderndes Feuer.* ***Ein Feuerstrom floss und ging von ihm aus. Tausend mal Tausende*** *dienten ihm, und* ***zehntausend mal Zehntausende*** *standen vor ihm. Das Gericht setzte sich, und Bücher wurden geöffnet.*
Daniel 7,9-10

Mir war klar, dass hier der Heilige Geist zu sehen war. Er floss aus dem Thron Gottes, dem Thron des Vaters und des Sohnes heraus. Und zwar in zwei entgegengesetzte Richtungen. Er entsprang dem Inneren des Thrones und strömte schnurgerade heraus, um an den zwei Scheitelpunkten das Innere der Kugel zu verlassen. Eine Stimme neben mir bestätigte, dass dies der Heilige Geist sei. Dass sich Jesus neben mir befand, hatte ich bisher nur im Unterbewusstsein erfasst, aber nicht richtig realisiert. Ich war über seine Stimme nicht überrascht, allerdings war ich vom Schauen so sehr gefesselt, dass ich mich weder zu ihm umwandte noch weiter mit ihm sprach.

Der Strom, der in zwei Richtungen floss, irritierte mich. Es waren ja eigentlich zwei in unterschiedliche Richtungen fließende Ströme, die aus dem Inneren des Thrones herauskamen. Ich war verwundert, ihn gleichzeitig in zwei Richtungen herausfließen zu sehen, denn ich hatte immer erwartet, dass er vom Thron aus – eben wie ein Fluss – normal fließen würde.

Ich besah die obere Fläche einer der Lehnen des Thrones. Sie war völlig eben und bildete eine große kreisförmige Fläche. Im Zentrum befand sich so etwas wie ein Krater, ein sehr großes

Loch, das etwa die Hälfte des Durchmessers ausmachte. Ich sah, dass rund um die Öffnung dieses Loches herum Bäume standen. Es waren Tausende.

Und er zeigte mir einen ***Strom*** *lebendigen Wassers … und auf* ***beiden Seiten des Stromes Bäume*** *des Lebens …*
Offenbarung 22,1-2a (Luther)

An dem Fluss aber, an seinem Ufer, werden ***auf dieser und auf jener Seite*** *allerlei* ***Bäume*** *wachsen … sein Wasser fließt aus dem Heiligtum hervor …*
Hesekiel 47,12

Dieser in zwei Richtungen ausgehende Strom war viel kraftvoller und faszinierender als ein Fluss es nach irdischen Vorstellungen jemals sein könnte. Er war das Hellste, das im Raum zu sehen war und leuchtete deutlich heller und weißer als die goldscheinende Umhüllung. Es war auch das Einzige im Thronsaal, von dem ich sah, dass es sich in Bewegung befand.

Um den Thron herum und doch deutlich von ihm entfernt, befanden sich, frei im Raum in der mittleren Höhe der mittleren Scheibe, mehrere weiße Objekte. Ich kam näher an sie heran und erkannte, dass es weiße, stuhlartige Gebilde waren, die nach menschlichem Ermessen als groß gelten konnten. Ich sah, dass sie nicht leer waren, sondern dass Menschen auf ihnen saßen. Diese Throne – ich erkannte in ihnen die Throne der 24 Ältesten – waren quer zu den Sitzflächen des großen Thrones angeordnet. Ihre Sitzfläche befand sich im rechten Winkel zu den beiden Sitzflächen des großen Thrones. Würde ein auf diesen Thronen sitzender Mensch also seine beiden Arme ausbreiten, so würden sie in die beiden Richtungen des Stromes des Heiligen Geistes weisen. Je ein Arm wäre zum Thron des Vaters und des Sohnes ausgerichtet. Wie an einer unsichtbaren Perlenschnur aufgereiht befanden sich die 24 Throne in gleichen Abständen um den göttlichen Thron herum angeordnet.

Nach einiger Zeit befand ich mich in einer Position weit oben, gewissermaßen im Zenit des kugelförmigen Raumes. Ich sah, dass sich auf mittlerer Höhe um den Thron herum, in die vier „Himmelsrichtungen" zeigend, vier unglaublich große, längliche Objekte, die mich von der Gestalt her an große Röhren erinnerten, befanden. Ich wusste, dass diese Objekte lebende Wesen waren. Sie sahen von hier oben ebenso hell und goldleuchtend aus wie die äußere Hülle und sie waren das mit Abstand Erschreckendste, was ich bisher in diesem den Verstand übersteigenden Raum wahrgenommen hatte. Allein schon wegen der Größe und der völlig unirdischen Form wirkten sie auf mich geradezu erschütternd. Es waren Kreaturen, die völlig anders waren als alles irdisch Bekannte oder Erdenkbare. Sie waren kilometerlang … und sie lebten.

Ich wusste in meinem Inneren, dass dies Cherubim waren. Vier Cherubim befanden sich um den Thron Gottes herum. Ich fragte mich, ob es noch andere Cherubim gäbe und wo diese wären. Mir fiel ein, dass satan als gefallener Cherub bezeichnet wird[24] und dass vor das Tor zum Garten Eden von Gott Cherubim gestellt worden waren.

Und er trieb den Menschen aus und ließ östlich vom Garten Eden die ***Cherubim*** *sich lagern und die Flamme des zuckenden Schwertes, den Weg zum Baum des Lebens zu bewachen.*
1. Mose 3,24

---

24 Hesekiel 28,14

Ich wusste, dass der Zeitpunkt, diese Kreaturen näher zu besehen, für mich noch nicht gekommen war.

Die Hülle des Thronsaales, dieses leuchtende Gewölbe, weckte mein Interesse und ich besah sie mir von Nahem. Zu meiner Überraschung bestand sie aus Lebewesen, und zwar aus Engeln. Diese Engel entsprachen in etwa den Vorstellungen, die ich mir gemäß den klassischen Engelsabbildungen gemacht hatte. Sie waren hell und leuchtend. Das goldene Licht strahlte aus ihrem ganzen Körper hervor. Sie befanden sich in völlig gleichmäßigen Abständen zueinander und bildeten zu Millionen und Abermillionen die äußere Umhüllung des Thronsaales. Die gesamte Außenhaut der Kugel bestand aus lebenden Wesen.

Diese Hülle erinnerte mich an einen Aufbau aus einzelnen Sechsecken. Allerdings befand sich Engel an Engel ohne trennenden Raster oder irgendetwas Gebautes. Sie schwebten nebeneinander völlig frei im Raum. Ich sah, dass sie an den Eckpunkten der imaginären Sechsecke einander berührten und absolut gleichmäßig und perfekt nebeneinander standen. Da ich den Eindruck hatte, dass sie nicht sehr viel größer waren als ich, mussten es Milliarden dieser Wesen sein, die die gigantische Weite dieser Kugelumhüllung bildeten.

Und ich sah: Und ich hörte eine Stimme ***vieler Engel rings um den Thron her*** *und um die lebendigen Wesen und um die Ältesten; und ihre Zahl war Zehntausende mal Zehntausende und Tausende mal Tausende …*
Offenbarung 5,11

Und über den Häuptern des lebenden Wesens war etwas wie ein ***festes Gewölbe****, wie das* ***Funkeln*** *eines Furcht einflößenden Kristalls, ausgebreitet oben über ihren Häuptern.*
Hesekiel 1,22

Ich sah den HERRN auf seinem ***Thron*** *sitzen, und das ganze* ***Heer des Himmels*** *stand um ihn, zu seiner Rechten und zu seiner Linken.*
1. Könige 22,19b

Bild 20

An der Umhüllung

Zwei Tage später konkretisierte sich das Bild hinsichtlich der leuchtenden Engel, die die äußere Umhüllung bildeten.

Mit Jesus als meinem Begleiter kam ich sehr nahe an die Umhüllung heran und sah, dass alle Engel völlig unbeweglich in ihrer Position verharrten. Wir kamen direkt vor einen der Engel, so nahe, dass ich mich mit ihm unterhalten konnte. Dieser Engel, der ein leuchtendes Gewand trug, Flügel besaß und ein menschenähnliches Antlitz hatte, erinnerte mich an die bekannten Engelsdarstellungen. Nur die Flügel waren völlig anders. Sie hatten nicht das Geringste mit der körperlichen Struktur tierischer Vogelflügel gemeinsam. Sie waren eher wie aus Licht. Der Engel wirkte sehr majestätisch und strahlte eine kaum in Worte zu fassende, große Ruhe aus.

Jesus ermutigte mich, den Engel nach seinem Namen zu fragen, den dieser mir auch bereitwillig nannte. Er war zu lang, um sich daran zu erinnern. Ich bat ihn um die Übersetzung der Bedeutung des Namens. Diese lautete so ähnlich wie „Der-der-in-Ewigkeit-die-Herrlichkeit-des-Herrn-ansehen-darf-und-ihn-für-immer-und-ewig-hier-loben-wird“. Er sagte mir, dass jeder der Engel dieser Umhüllung einen Namen in ähnlicher Art besitzt.

Denn ich sage euch, dass ihre ***Engel*** *in den Himmeln allezeit* ***das Angesicht meines Vaters schauen****, der in den Himmeln ist.*
Matthäus 18,10

Was mir wieder auffiel, war die geometrische Ausrichtung dieses Engels und aller anderen, die um ihn herum waren. Er befand sich wie in einem gedachten, gleichmäßigen Sechseck. Der Engel war größer als ich, vergleichsweise ca. drei Meter. Das imaginäre Sechseck hatte in etwa eine Höhe von vier Metern. Der Engel hatte sechs Flügel aus einer lichtartigen Substanz, die er unbeweglich hielt, auch als er mit mir sprach. Die Flügel kamen von seinem Rücken. Zwei bogen sich von hinten kommend um das Haupt herum, welches sie, sich überkreuzend, bedeckten. Da die Flügel aus etwas wie einer transparenten Ebene aus Licht bestanden, konnte er hindurchsehen. Die beiden Flügel wiesen mit ihren Flügelspitzen exakt in die beiden oberen Ecken des Sechsecks. Zwei weitere wiesen wie ausgebreitete Arme waagerecht in die beiden mittleren Ecken des Sechsecks und wiederum zwei Flügel bogen sich von hinten um den Unterleib herum, den sie somit, ebenfalls sich überkreuzend, bedeckten, und sie erreichten die beiden unteren Ecken des Sechseckes. Die umgebenden Engel standen ebenso innerhalb dieses imaginären Wabenrasters, so dass jede Flügelspitze eines Engels die von zwei anderen Engeln berührte. Jeder Engel war von sechs anderen umgeben.

Das Ganze war ein vollkommenes und sehr friedliches Bild. Die Engel leuchteten in sanftem Goldglanz. Sie strahlten, so dass auch die leeren Zwischenräume, die sich zwischen ihnen ergaben, von Licht erfüllt waren. Ich konnte durch diese Zwischenräume weder hindurchsehen noch etwas Dahinterliegendes erkennen.

Ich fragte ihn, ob er diese Position immer innehätte und er antwortete mir, er würde in alle Ewigkeit diesen Raum hier ausfüllen. Dafür sei er erschaffen worden und alles, was er wolle, sei, hier in der Herrlichkeit Gottes ein kostbarer und unersetzlicher Baustein des himmlischen Thronsaales zu sein. Ich staunte. Dieser Engel wird in Ewigkeit seine Position einnehmen und dies bietet ihm absolute Genugtuung. Es ist der Sinn und Zweck seiner Existenz.

Im Todesjahr des Königs Usija, da ***sah ich den Herrn*** *sitzen auf hohem und erhabenem Thron, und die Säume seines Gewandes füllten den Tempel. Serafim standen über ihm. Jeder von ihnen hatte* ***sechs Flügel****: mit zweien bedeckte er sein Gesicht, mit zweien bedeckte er seine Füße, und mit zweien flog er. Und einer rief dem andern zu und sprach: Heilig, heilig, heilig ist der HERR der Heerscharen! Die ganze Erde ist erfüllt mit seiner Herrlichkeit!*
Jesaja 6,1-3

Bild 21

Oberhalb des Thrones

In den ersten Morgenstunden während einer ruhigen Anbetungszeit in einer Gebetsnacht bemerkte ich, dass ich mich wieder innerhalb des himmlischen Thronsaals befand. Ich bewegte mich auf den Thron zu und befand mich nach kurzer Zeit auf der Oberkante einer der äußeren Scheiben oberhalb der runden Lehne.

Im mittleren Bereich der kreisförmigen Ebene befand sich die gigantische Öffnung, aus deren Mitte der lebendige Strom herausfloss. Der Durchmesser des Stromes war weitaus kleiner als derjenige der umgebenden Öffnung. Ich begab mich an den Rand und stellte fest, dass es sich nicht einfach um ein gewaltiges Loch handelte, sondern um eine kraterartige Öffnung, die sich gleichmäßig nach unten verjüngte. Diese Öffnung war so groß, dass man auf der Erde das andere Ende kaum hätte erkennen können. Ähnlich wie in einem antiken Amphitheater führte etwas wie Treppenstufen nach unten. Diese waren völlig gleichmäßig und zogen einen weiten, vollkommenen Kreis durch das gewaltige Rund.

Alle Stufen bestanden aus dem stumpfen Material des Thrones und ich bückte mich nieder, um sie näher zu besehen. Überrascht stellte ich fest, dass der Thron aus nichts anderem als massivem Gold bestand. Dieses mir so matt erscheinende Material war reines Gold! In der Herrlichkeit des Thronsaales wirkte es, verglichen mit der himmlischen Realität, glanzlos und stumpf. Ich war so überrascht, dass ich laut hörbar ausrief:

„Oh, das ist ja aus Gold!" Innerlich war mir bewusst, dass dieses Gold die gerechten Taten der Heiligen sind. Dies ist der Lobpreis, auf dem der Herr thront.

*Du aber bist heilig, der du **thronst** über den Lobgesängen Israels.*
Psalm 22,4

Ich begab mich zu dem Bereich hinab, aus dem der lebendige Strahl hervorströmte. Dabei schwebte ich über die zahlreichen Stufen hinunter. Unten fand ich eine große Öffnung, kreisrund, aus der der glühende Strom mit großer Kraft und Geschwindigkeit geradezu herausschoss. Es war beeindruckend und erhebend anzusehen.

*Wie ein drängender **Strom**, den der **Hauch des HERRN** vorwärts treibt.*
Jesaja 59,19

Jesus sagte, ich solle meine Hand nicht in den Strom halten, sonst würde ich sofort mitgerissen werden. Mir fiel die Bibelstelle ein:

Denn welche der Geist Gottes treibt, die sind Gottes Kinder.
Römer 8,14 (Luther)

Um diesen Bereich inmitten des gewaltigen Runds, der durch nichts an eine Quelle, sondern an einen gigantischen Wasserfall erinnerte – der von meiner Position aus allerdings nicht nach unten sondern nach oben strömte – war auf der untersten Stufe etwas wie eine filigrane, glasartige Brüstung, fast wie ein Geländer, angebracht.

Unten, im Inneren des Trichters, schaute ich nach oben. Es war ein eigentümliches Bild. Die amphitheaterartigen Treppen der Seitenwände erschienen mir von hier aus betrachtet viel steiler als von oben und ich konnte deutlich den kompletten runden Rand der riesigen Öffnung sehen. Zu meiner Überraschung sah ich dahinter jedoch nicht die leuchtenden Engel der Umhüllung, sondern einen nächtlichen Sternenhimmel, ganz so wie auf der Erde in einer sehr klaren Nacht. Dies irritierte mich.

Von der untersten Stufe aus, auf der Höhe des Austrittes des Stromes des Heiligen Geistes, bemerkte ich ein kleines Detail. Von hier aus führte, in die vier „Himmelsrichtungen" ausgehend, je ein kleiner Kanal wie eine Röhre durch das Gold des Thronsockels hindurch zur Außenseite. Der Durchmesser war gering, nach meinem Ermessen höchstens ein Meter. Ich sah nicht, dass etwas hier hindurchfloss. Diese vier Röhren bildeten zwei rechtwinklig zueinander stehende Achsen. Plötzlich fand ich mich sehr weit oberhalb des Thrones wieder und konnte erkennen, dass diese Achsen genau auf die vier Cherubim-Wesen ausgerichtet waren.

Diese Cherubim interessierten mich, aber ich wusste, dass es noch immer nicht an der Zeit war, sie genauer in Augenschein zu nehmen. Allerdings wurde mir innerlich etwas über das Wesen dieser Kreaturen bewusst. Die Cherubim sind die Mächte des geschaffenen Universums, Kontrollkräfte der Schöpfung. Sie repräsentieren die göttliche Weltordnung. Ein Cherub ist eine universale Macht. Auch satan war einst ein Cherub. In seiner Auflehnung gegen Gott will er seine eigene universale Weltordnung aufrichten.

Plötzlich befand ich mich gemeinsam mit Jesus an meiner Seite wieder im Inneren des „Kraters". Wir bewegten uns nach oben und blieben am Rand der Öffnung stehen. Ich sah Hunderte von Bäumen, die in gleichmäßigen Abständen um die Öffnung herum standen. Sie waren alle unterschiedlich und jeweils in sehr große Gefäße oder Kübel eingepflanzt. Diese Gefäße waren ebenfalls alle unterschiedlich und harmonierten in passender Weise mit dem jeweiligen Baum. Die Bäume erschienen mir nicht allzu hoch zu sein. In dem Bereich, den ich überblicken konnte, waren sie eher wie Obstbäume, im Höchstfalle vielleicht zehn Meter hoch. Aber, wie gesagt, menschliche Maßangaben wirken in dieser himmlischen Dimension unangemessen.

Das Bild verblasste langsam und ich hörte, wie einer der Anwesenden gerade eine Passage aus der Bibel laut vorlas. Es war aus dem Propheten Hesekiel und handelte von den Cherubim und dem Strom, der aus dem Thron Gottes fließt.

Der du thronst auf den ***Cherubim****, strahle hervor!*
Psalm 80,2

Bild 22

Am goldenen Strom

Während eines ausgiebigen Gebetsspazierganges fand ich mich im Innenraum des himmlischen Thronsaals wieder. Jesus war da, direkt an meiner Seite. Wie so oft, fragte er mich, ob ich bereit für etwas Neues sei. Ich antwortete „Ja!“, woraufhin er mich auf die von uns aus gegenüberliegende Seite des Thrones führte.

Wir näherten uns dem Strahl des lebendigen Stromes im Mittelbereich zwischen dem Thron und der äußeren Umhüllung und kamen sehr nahe an ihn heran. Mit großer Geschwindigkeit schoss er direkt vor uns vorbei. Der Fluss besaß eine Dynamik und Kraft, die absolut faszinierend, geradezu erschütternd war. Auf der Erde gibt es nichts Vergleichbares. Es war wirklich – im Sinne des Wortes – gewaltig, voller übernatürlicher, unirdischer Gewalt. Man konnte weit in die golden-durchsichtige, kaum zu beschreibende Substanz hineinschauen, die aussah, als ob es mit kristallartigem, goldenem Granulat vermischte, sich bewegende Feuerflammen wären.

Jesus sagte, ich solle den Strom nun anfassen. Mit meiner flachen Handinnenseite berührte ich sehr vorsichtig und langsam die schnell strömende Substanz. Ich steckte meine Hand nicht in sie hinein, sondern ließ es zunächst an meiner Hand vorbeigleiten. Als ich meine Hand kurz darauf anblickte, war diese schimmernd und goldfarbig. Der Strom hatte golden abgefärbt. Später entdeckte ich eine Bibelstelle, die mich innerlich eigentümlich berührte. Ich glaube, dass der Prophet

Sacharja in einem ungewöhnlichen Bild den himmlischen Thronsaal mit dem in zwei Richtungen fließenden Strom des Geistes beschreibt.

*Da antwortete er und sprach zu mir: … Nicht durch Macht und nicht durch Kraft, sondern durch meinen **Geist**, spricht der HERR der Heerscharen. Und ich antwortete zum zweiten Mal und sagte zu ihm: Was sind die beiden Zweigbüschel der Ölbäume, die neben den **zwei goldenen Röhren** sind, die das **Goldöl** von sich ausfließen lassen?*
Sacharja 4,6+12

Am folgenden Tag offenbarte sich das Bild weiter. Ich befand mich wieder im himmlischen Thronsaal. Der Strom des Heiligen Geistes floss von dem Thron Gottes aus in zwei Richtungen durch den goldenen, kugelförmigen Raum und verschwand durch die Öffnungen jeweils im Zenit des Gewölbes. Ich dachte über diese so gar nicht meinen ursprünglichen Vorstellungen entsprechende Form des himmlischen Flusses nach und realisierte dann, dass mir in meinem Inneren etwas bewusst wurde.

*Und er zeigte mir einen **Strom** lebendigen Wassers, klar wie Kristall, der **ausgeht von dem Thron Gottes** und des Lammes.*
Offenbarung 22,1

Ich hatte mich bereits gefragt, wohin dieser Strom fließen würde. Nun erkannte ich, dass dieser Segensstrom, der in zwei Richtungen flutete etwas ist, was durch die beiden Arme und Hände des Leibes Jesu ausfließt. Der Leib Jesu sind die wiedergeborenen Menschen, die Gemeinde, wir selbst. Jesus sprach davon, dass aus unserem Leib Ströme lebendigen Wassers fließen werden. Durch Handauflegen und Segnen fluten diese Ströme Gottes wie flüssiges Gold des Himmels aus unserem Inneren durch unseren Leib und unsere Hände hinaus.

Wer an mich glaubt, wie die Schrift gesagt hat, aus seinem Leibe werden ***Ströme lebendigen Wassers*** *fließen. Dies aber sagte er von dem Geist …*
Johannes 7,38-39

Der Fluss des Heiligen Geistes will aus unserem Inneren herausfließen. Gott möchte in jedem seiner Kinder im inwendigen Menschen auf dem Thron sitzen und das Reich Gottes aufrichten. Der inwendige Mensch jedes wiedergeborenen Christen ist deshalb in einem gewissen Sinne der Thronsaal Gottes.

Wisst ihr nicht, dass ihr ***Gottes Tempel*** *seid und der Geist Gottes in euch wohnt?*
1. Korinther 3,16

Der Geist Gottes wohnt ganz und völlig in diesem von Neuem geborenen Menschen und damit auch alle Erkenntnis, alle Kraft, alle Freude und alle Liebe Gottes – doch gleichzeitig wohnt er auch in Millionen anderer Kinder Gottes, fließt vom himmlischen Thron aus, brennt in den sieben Fackeln, durchstreift als die Augen Gottes die ganze Erde[25] usw. Er ist der Begrenzung unseres menschlichen Verständnisses nicht unterworfen. Er ist Gott.

Entscheidend ist, ob wir zulassen, dass er wirklich auf dem Thron unseres Lebens sitzt und wir ihm gestatten, durch uns zu wirken. Entscheidend ist, wie viel Freiheit und Raum wir ihm

25 2. Chronik 16,9

geben, damit er aus uns herausströmen und zu der sterbenden Welt fließen kann.

Dann sah ich mich wieder ganz nah vor dem an mir kraftvoll vorbeischießenden goldenen Strom stehen. Ich wusste, dass mich dieser, wenn ich meine Hand in ihn hineinhalten würde, mit großer Geschwindigkeit mitreißen würde, hinaus aus der Umhüllung des Thronsaales, hinaus in das mir völlig Unbekannte.

Ich wusste aber auch, dass es an der Zeit war, jetzt vom Strom Gottes mitgerissen zu werden. So streckte ich meine Hand beherzt in den Strom hinein und wurde sofort in sehr hoher Geschwindigkeit mitgetragen. Ich sah dabei nicht das Geringste, realisierte auch nicht, wie ich die goldene Hülle des Thronsaales hinter mir ließ. Nach einiger Zeit bemerkte ich, wie ich mich innerhalb der Vision in einem größeren, orientalisch anmutenden Zimmer auf der Erde befand. Danach erlebte ich sehr detailliert die Situation der Totenauferweckung einer wohlhabenden Person in einem Land Nordafrikas mit. Ob diese tatsächlich zu dem Zeitpunkt erfolgte oder eine visionäre Schau auf ein zukünftiges Ereignis darstellte, blieb mir verborgen.

Mit dem ***Strom*** *deiner Wonnen tränkst du sie. Denn bei dir ist der Quell des Lebens; in deinem Licht sehen wir das Licht.*
Psalm 36,9-10

Der Wind weht, wo er will, und du hörst sein Sausen, aber du weißt nicht, woher er kommt und wohin er geht; so ist jeder, der aus dem Geist geboren ist.
Johannes 3,8

Bild 23

Eine Feuerfackel

Während einer Gebetsnacht mit einer sehr sanften und stillen Atmosphäre wurde das vierte Kapitel der Offenbarung vorgelesen.

Und siehe, eine Tür, geöffnet im Himmel … und siehe, ein Thron stand im Himmel, und auf dem Thron saß einer … Und rings um den Thron sah ich vierundzwanzig Throne, und auf den Thronen saßen vierundzwanzig Älteste, bekleidet mit weißen Kleidern, und auf ihren Häuptern goldene Siegeskränze. Und aus dem Thron gehen hervor Blitze und Stimmen und Donner; und ***sieben Feuerfackeln*** *brennen vor dem Thron,* ***welche die sieben Geister Gottes sind****. Und vor dem Thron war es wie ein gläsernes Meer, gleich Kristall; und inmitten des Thrones und rings um den Thron vier lebendige Wesen, voller Augen vorn und hinten.*
Offenbarung 4,1-6

Wieder befand ich mich innerhalb des Thronsaales, schräg oberhalb des Thrones in der Nähe der goldenen Umhüllung. Der Strom des Geistes floss, von meiner Position aus gesehen, vom Thron kommend nach oben und unten. Plötzlich bewegte ich mich in meiner Position, drehte mich um 90 Grad zur Seite und das ganze Bild schwenkte sich mit mir herum. Nun befand ich mich unvermittelt mittig vor dem senkrecht vor mir aufragenden Thron, so dass der Strom des Heiligen Geistes nach rechts und links floss. Ich befand mich vor dem mittleren Teil, der mittleren „Scheibe", des Thrones, die gigantisch vor mir aufragte und deren Rundung oben und unten nach hinten verschwand.[26]

Direkt vor mir, kurz vor dem eigentlichen Thron, befand sich, frei im Raum schwebend, eine hell lodernde Fackel. Ich wusste, dass sie „Weisheit" hieß. In der Mitte besaß sie etwas wie eine schwere Rohrschelle aus Gold, die zu meiner Überraschung wie eine irdische Krone mit Edelsteinen besetzt war. In beide Richtungen flammte weißes Feuer aus ihr heraus. Es war fast wie eine symbolische Miniaturnachbildung des Thrones. Ich wusste, dass sich um den Thron herum sieben solcher Fackeln befanden, deren Größe ich im Verhältnis zu den anderen Teilen nicht realisieren konnte. Im Vergleich zu dem gewaltig aufragenden Thron erschien sie mir jedoch relativ klein, was mich ebenfalls überraschte. Dann erkannte ich in meinem Inneren wiederum einige Zusammenhänge.

Und ich sah inmitten des Thrones und der vier lebendigen Wesen und inmitten der Ältesten ein Lamm stehen wie geschlachtet, das sieben Hörner und ***sieben Augen hatte; die sind die sieben Geister Gottes****, ausgesandt über die ganze Erde.*
Offenbarung 5,6

In der Offenbarung wird das Lamm Gottes beschrieben. Es besitzt sieben Augen, die die sieben Geister Gottes darstellen. Da die Fackeln ebenso die sieben Geister Gottes repräsentieren, muss es einen tiefen Zusammenhang zwischen den Augen des göttlichen Lammes und den Feuerflammen am Thron Gottes geben.

26 Ich möchte bemerken, dass mir alle räumlichen Zuordnungen für mein Erleben innerhalb dieses nicht irdischen, nicht natürlichen, kugelförmigen Raumes sehr unpassend scheinen. Ich bewegte mich innerhalb dieses Thronsaals vergleichbar einem Astronauten in der Schwerelosigkeit, ohne ein Bewusstsein für Oben oder Unten, Rechts oder Links, Vorne oder Hinten. Wenn ich derartige Begriffe verwende, so beziehen sie sich lediglich auf meine in dem Moment vorhandene Blickrichtung.

… *und seine* ***Augen wie eine Feuerflamme*** …
Offenbarung 1,13-14

Geistliches Sehen und geistliche Erkenntnis sind wie geistliches Feuer, wie hell strahlendes Licht. Jesus sagte, dass die Augen die Leuchten des Leibes sind.

Das Auge ist das Licht des Leibes. Wenn dein Auge lauter ist, so wird dein ganzer Leib licht sein.
Matthäus 6,22

Ich erkannte, dass dies bedeutsamer war, als ich es bisher erfasst hatte. Ich notierte mir:
Heiliger Geist = Feuer = Licht = Auge = Erkenntnis

Nur wenn der Heilige Geist uns die Augen des Herzens öffnet und uns erleuchtete Augen des Herzens[27] gibt, können wir Erkenntnis göttlicher Zusammenhänge erlangen. Als Nachfolger Jesu sollen wir brennend im Geist sein,[28] in geistlicher Erkenntnis leben und vorangehen.

Dann sprach Jesus zu mir. Er sagte, dass es wichtig und bedeutsam sei, zu verstehen, dass geistliches Feuer gleichbedeutend mit geistlichen Augen, mit geistlicher Sehfähigkeit ist. Das sei die Basis, um das, was er mir nun zeigen wollte, zu verstehen. Er sagte, dass die sieben Geister Gottes, die in Jesaja genannt sind, sieben Wirkungsweisen des Heiligen Geistes zeigen, der doch nur ein einziger Geist ist. Dies wäre bedeutsamer, als dass ein Mensch es erfassen könnte.

---

27 Epheser 1,18
28 Römer 12,11

Und auf ihm wird ruhen
der Geist des HERRN,
der Geist der Weisheit
und des Verstandes,
der Geist des Rates
und der Kraft,
der Geist der Erkenntnis
und Furcht des HERRN …
Jesaja 11,2

Der Heilige Geist kann gleichzeitig in vielen Millionen Gläubigen wohnen und ist doch **ein** Geist. Und in jedem einzelnen Menschen behält er die gleiche, unbegrenzte Kraft und Wirkungsweise. Während der Heilige Geist dort am Thron als sieben Fackeln brennt, ist er doch gleichzeitig der Strom, der aus dem Thron Gottes herausfließt. Hier übersteigt die geistliche Wahrheit das, was mit einem menschlich verständlichen Bild erfassbar ist. Der Heilige Geist ist Gott. Und Gott übersteigt jede Erkenntnis.

Bild 24

Anbetung vor dem Thron

Während einer morgendlichen Lobpreiszeit, in der dazu angehalten wurde, Gott zu begegnen, fand ich mich recht unerwartet im Thronsaal wieder.

Ich erkannte, dass ich mich am Rand der goldenen Umhüllung aufhielt. Die Entfernung innerhalb des Raumes war gigantisch, aber dennoch sah ich klar und deutlich jedes Detail. Ich nahm die Umhüllung wahr, den gewaltigen Thron in der Mitte, die Menschen- und Engelheere, den Strom Gottes. Dann bewegte ich mich zu einem der 24 weißen Throne, die sich in gleichmäßigen Abständen um den goldenen Thron herum befanden. Jesus war neben mir.

Ich blieb zunächst am Sockel dieses kleinen Thrones und bewegte mich dann langsam nach oben. So kam ich direkt vor die Person, die auf dem Thron saß. Ich wusste in meinem Inneren, dass es Stephanus war. Er sagte, dass er mir zeigen wolle, den Herrn anzubeten. Ich befand mich sogleich in ähnlicher Position wie er und blickte mit dem Gesicht in Richtung des Thrones, der gigantisch vor uns aufragte und fast das ganze Sichtfeld ausfüllte. Das Mittelstück des Thrones stand senkrecht direkt vor uns.

Parallel zu den beiden Richtungen, in die der Strom ausfloss, hob ich meine Arme zu beiden Seiten des Thrones, zum Vater und zum Sohn, Jesus Christus, hin und ließ den Heiligen Geist aus meinem Mund heraus durch die Anbetung fließen. Das ist das Herz der Anbetung: Der Vater und der Sohn empfangen Anbetung, die der Heilige Geist durch uns als Kinder Gottes hindurchströmen lässt. Dann verschwamm das Bild und mündete in eine Anbetungszeit ein.

In den darauf folgenden Wochen sah ich während des Lobpreises den gigantischen goldenen Thron oft in dieser Weise vor mir aufragen. Wenn ich den Blick nach rechts oder links wandte, konnte ich in großer Entfernung den hellen Strom des Heiligen Geistes fließen sehen und weit dahinter die goldene Umhüllung erkennen. Oft streckte ich meine Arme in die beiden Richtungen des Stromes aus und betete Gott an. Doch noch immer war mein Blick nicht für den geöffnet, der auf dem Thron saß.

Während einer solchen Anbetungszeit nahte ich mich dem goldenen Thron und kam so nahe an ihn heran, dass ich ihn berühren konnte. Ich verharrte einige Zeit ehrfürchtig und drehte mich dann um, so dass ich mit dem Rücken zum Thron stand und in den weiten Raum blickte. Dort waren die zart und filigran wirkenden Heere der Menschen und Engel zu sehen, die Throne der Ältesten, die vier Cherubim. Alles war in das warme, goldene Licht eingehüllt. Ich empfand es als faszinierend, wie all das frei im Raum schwebte und doch seinen genauen und vollkommenen Platz besaß.

Einige Zeit später wurde mir bewusst, welch ein Vorrecht es doch ist, die Herrlichkeit dieses überwältigenden Raumes sehen zu dürfen, der so unerwartet, so anders, so jede menschliche Imagination übertreffend ist. Und doch war mir bewusst, dass dies alles nur ein Bild war, das mir in einer ganz für mich persönlich passenden Art und Weise gezeigt wurde, die ich mit meinem beschränkten, menschlichen Verständnis in einer gewissen Weise noch nachvollziehen und erfassen konnte. Das, was ich sah, war nur eine einzelne Facette einer Komplexität und Dimension, die alles menschliche Erfassen völlig übersteigt. Es war nur ein kleines Stück der Herrlichkeit, ein einzelner Blickwinkel, ein winziges Aufblitzen dessen, was Gott für uns hat.

Der Thronsaal Gottes ist kein Raum, den man jemals mit irdischer Erkenntnis zu erfassen vermag. Er ist göttlich, ewig, erhaben und geht völlig über unser Verstehen hinaus. Gott offenbarte mir diese Dinge in einer Weise, die ich mit Worten zumindest teilweise nacherzählen und beschreiben kann – und doch berühren diese Worte nur die Oberfläche der wirklichen geistlichen Realität und sind nichts anderes als Stückwerk.

Denn ***wir erkennen stückweise****, und wir weissagen stückweise; wenn aber das Vollkommene kommt, wird das, was stückweise ist, weggetan werden.*
1. Korinther 13,9

Bild 25

Das Auge des Cherub

Ich wachte nachts auf und befand mich im himmlischen Thronsaal, weit oberhalb des Thrones. Alles war sehr klar zu erkennen, vor allem fielen mir die Bäume auf, die auf der Lehne des Thrones wie eine grüne Perlenschnur aufgereiht standen. Obwohl sie recht groß waren, standen sie doch in Gefäßen. Diese waren mindestens mannshoch und – was mich erstaunte – anscheinend mit ganz normaler Erde gefüllt. Die Gefäße selbst waren unterschiedlich, aber alle aus Gold.

Jesus, der neben mir stand, fragte mich, ob ich die Cherubim ansehen möchte. Ich antwortete „Ja" und befand mich sofort vor einer dieser völlig unirdischen Kreaturen.

Dieses Wesen war von erschütternder Größe und hatte ein Aussehen, das mich am ehesten an etwas wie eine gigantische, liegende Röhre erinnerte. Nach meinem Empfinden muss das Wesen mehrere Kilometer lang gewesen sein und einen Durchmesser von mehreren Hundert Metern, vielleicht sogar über einem Kilometer, gehabt haben. Ich kam mir vor, als ob ich auf einer kleinen Anhöhe direkt vor der gewaltigen Öffnung zu einer riesigen Höhle stehen würde. Es war befremdend, aufwühlend und mit nichts Irdischem vergleichbar.

*HERR der Heerscharen, Gott Israels, der du über den **Cherubim** thronst …*
Jesaja 37,16

Nach einiger Zeit realisierte ich einen Ton. Es war ein anhaltender tiefer Ton, der keinerlei Vibration oder Modifikation besaß. Er gehörte zu dieser Kreatur. Ich konnte in dieses eigentümliche Gebilde hineinsehen. Der Begriff „röhrenartig" passte nicht, denn das Wesen besaß keine durchgehende Öffnung, sondern war hinten gewissermaßen geschlossen. Es war im Inneren höhlenartig und verjüngte sich gleichmäßig langsam nach hinten, bis es auf einen Punkt auslief. Ich dachte über diesen Mittelpunkt nach und mir wurde bewusst, dass eine gedachte Achse von diesem Punkt aus zu dem Cherub auf der gegenüberliegenden Seite des Thrones, genau durch den Mittelpunkt des Thrones gehen würde. Die vier Cherubim waren wie die Träger zweier gedachter Achsen, die sich im Innersten des Thrones im Allerheiligsten am Gnadenthron Gottes treffen.

Die ***Cherubim*** *breiteten die Flügel aus über den Platz der Lade, und die Cherubim beschirmten die Lade und ihre* ***Stangen*** *von oben her.*
1. Könige 8,7

Ich fragte Jesus, ob ich mich in die vor mir liegende Öffnung, also in das Wesen hineinbewegen könne. Jesus antwortete mir, dass dies zwar möglich sei, es allerdings für mich schrecklich wäre, denn dort würde ich in einen Ort völliger Erkenntnis über mich selbst eintreten.

So bewegte ich mich um das unirdische Geschöpf herum und beschaute es von außen. Eine eigentümlich glänzende und doch stumpfe Haut überzog das ganze Wesen komplett. Um die Beschaffenheit genauer zu betrachten, bewegte ich mich ganz nahe an den vorderen Rand heran und besah die ungewöhnliche Oberfläche. Die stumpfe Haut wirkte, von Nahem betrachtet, im goldenen Licht des Thronsaals eher dunkel.

Von der Bibel her wusste ich, dass die Cherubim in der Offenbarung als mit vielen Augen übersät beschrieben werden. Ich konnte nichts dergleichen erkennen. Die Oberfläche war völlig gleichmäßig beschaffen, sowohl außen wie auch im Inneren der „Höhle".

Und rings um den Thron vier lebendige Wesen, voller ***Augen vorn und hinten****.*
Offenbarung 4,6

Plötzlich aber wurde mir klar: Das ist Auge! Die Haut des Wesens besteht völlig aus Auge. Die Wahrnehmungs- und Sinneszellen, die bei irdischen Lebewesen auf das eigentliche Auge als Organ beschränkt sind, machen hier die gesamte Oberfläche der Kreatur aus. Alles Äußere an diesem Lebewesen ist ein einziges augenartiges Wahrnehmungsorgan. Dabei war mir unmittelbar klar, dass es sich nicht nur um ein Auge mit der irdischen Sehfähigkeit handelte, sondern um ein geistliches Auge mit viel umfassenderer Erkenntnis.

Und die vier lebendigen Wesen hatten, eines wie das andere, je sechs Flügel und sind ***ringsum und inwendig voller Augen****, und sie hören Tag und Nacht nicht auf zu sagen: Heilig, heilig, heilig, Herr, Gott, Allmächtiger, der war und der ist und der kommt!*
Offenbarung 4,8

Mir wurde klar, was die Beschreibung in der Offenbarung auszudrücken versucht. Die gesamte Oberfläche dieser lebendigen Kreatur, ringsum und inwendig, außen und innen, bestand komplett aus Auge.

Ich dachte darüber nach, was das Auge im Inneren der Kreatur eigentlich sieht. Es schaut auf das Auge an der gegenüberliegenden Seite, blickt also ohne Unterlass in sich selbst hinein. Dort hineinzugehen und von allen Seiten mit völliger geistlicher Erkenntnis betrachtet zu werden, muss wirklich schrecklich sein. Schon ein einziger anhaltender Blick eines anderen Menschen kann uns ja verunsichern und unangenehm berühren. Wie muss es sein, von diesem geistlichen Wesen betrachtet zu werden?

Nach einiger Zeit bemerkte ich, dass ich keine Flügel oder etwas Ähnliches, was diesem Begriff entspräche, an diesen Wesen erkennen konnte. Unmittelbar darauf befand ich mich weit oberhalb des Thrones, ganz nahe an der äußeren, goldenen Umhüllung.

Zum ersten Mal, seit ich diesen Thronsaal besuchen durfte, sah ich nun einige helle Flächen, die in der Fülle goldenen Lichtes für mich bisher nur schwer erkennbar waren. Sie sahen aus wie völlig glatte Flächen, wie Ebenen aus Licht. Diese Lichtschleier spannten sich auf der Ebene des Thrones zwischen den einzelnen Cherubim aus. Die Konturen dieser etwa dreieckigen Lichtflächen waren geschwungen und sie liefen spitz aus. Von jedem Cherub gingen zwei dieser Flächen aus, die ich als seine „Flügel“ erkannte. Diese berührten an den Spitzen diejenigen des benachbarten Cherub. Diese Flügel bestanden, anders als die Körper der Cherubim, aus Licht oder etwas, was dem sehr ähnlich war. Man konnte sich ohne Schwierigkeit hindurchbewegen. Die Flächen erinnerten mich etwas an das Licht, das an einem Sommertag durch ein grünes Blätterdach fällt und dort einen Lichtfächer, einen Lichtschleier, bildet.

Und er stellte die Cherubim in die Mitte des inneren Hauses; und die Cherubim breiteten die Flügel aus … ihre ***Flügel*** *zur Mitte des Hauses hin aber* ***berührten sich gegenseitig****, Flügel an Flügel.*
1. Könige 6,27

Diese filigranen Flügel wirkten, im Kontrast zu den wuchtigen Körpern der Cherubim, sonderbar auf mich. Ich konnte auch nicht erkennen, an welcher Stelle die Flügel aus den Körpern der Cherubim eigentlich austraten. Sie entsprachen jedenfalls in keiner Weise den Flügeln der uns bekannten Engelsdarstellungen.

Jedes der vier Lebewesen besaß auf der Ebene des Thrones zwei von diesen Flügeln. Sie gingen gewissermaßen waagrecht von ihnen aus. Dann erkannte ich, dass auch in der Senkrechten jeder Cherub zwei weitere solcher Flügel besaß. Diese waren genauso beschaffen, aber größer und reichten hinauf bis zum Strom des Geistes.

Dann achtete ich auf die dem Thron zugewandten vorderen Öffnungen der Wesen. Auch von diesen runden Öffnungen aus strahlten jeweils nach oben und unten Lichtflügel aus, allerdings nicht als ebene, sondern als sphärisch gewölbte Flächen, ähnlich wie die Außenseite eines Trichters. Diese erinnerten mich an „Schirm“ und „Schild“, beides aus der Bibel wohl bekannte Begriffe für geistlichen Schutz. Von jedem Cherub gingen, gewissermaßen nach oben und unten, zwei solche Lichtflügel in Richtung auf den Thron aus. Wo diese Schirme sich trafen, ergaben sie eine klare, gleichmäßige Kante. Um den Thron herum bildeten die acht Lichtstrukturen eine kugelförmige Umhüllung aus Licht.

In meinem Inneren vernahm ich die Aussage, dass Cherubim beschützend und beschirmend seien. Sie behüten den Thron Gottes und in einem gewissen Sinne halten sie ihn.

Ich erinnerte mich an das alte Kirchenlied „Jesus Christus herrscht als König“[29], in dem es heißt:

Fürstentümer und Gewalten
Mächte, die die Thronwacht halten
geben ihm die Herrlichkeit;
alle Herrschaft dort im Himmel
hier im irdischen Getümmel
ist zu seinem Dienst bereit.

Gott ist Herr, der Herr ist Einer
und demselben gleichet keiner
nur der Sohn, der ist ihm gleich
dessen Stuhl ist unumstößlich
dessen Leben unauflöslich
dessen Reich ein ewig Reich.

Gleicher Macht und gleicher Ehren
sitzt er unter lichten Chören
über allen Cherubim
in der Welt und Himmel Enden
hat er alles in den Händen
denn der Vater gab es ihm.

29 Text: Philipp Friedrich Hiller , 1757; Musik: Johann Löhner , 1691

Cherubim sind Wesen, die den Thron Gottes beschirmen, den zentralen Ort der Gegenwart des Herrn, die „Thronwacht" halten und den Zugang zur Gegenwart Gottes verstellen.

Dann dachte ich über das Wesen dieser Geschöpfe nach und befand mich unvermittelt wieder vor dem Cherub. Ich wusste, dass es derjenige war, der in der Offenbarung mit einem Stier verglichen wurde. Wie dieser Bezug zu einem irdischen Tier zustande kam, war mir verborgen. Ich sah keinen Kopf, kein Angesicht und schon gar nichts Stierartiges oder überhaupt nur annähernd Animalisches.

Und das erste lebendige Wesen war gleich einem Löwen und das zweite lebendige Wesen ***gleich einem jungen Stier****, und das dritte lebendige Wesen hatte das Angesicht wie das eines Menschen, und das vierte lebendige Wesen war gleich einem fliegenden Adler.*
Offenbarung 4,7

Zwei Tage später stand ich in einem Bild erneut vor diesem Cherub, blickte in die gigantische tunnelartige Öffnung und vernahm den tiefen Ton. Ich sprach das Wesen an und fragte: „Warum wirst du in der Offenbarung als Stier beschrieben?" Die Antwort der Kreatur, die direkt in mein Denken hinein klang, wies mich auf den hin, der wirklich wichtig ist: „Frage nicht mich, frage Jesus. Ich bin nur ein Cherub, er aber ist Gott, in aller Ewigkeit der Anbetung würdig!"

Bild 26

Die Cherubim

Wieder befand ich mich weit oben im himmlischen Thronsaal. Jesus war direkt neben mir. Er wies mich darauf hin, dass der Raum viel größer war, als ich es in Erinnerung hatte. Er war gigantisch. Ich erkannte innerlich, dass allein die mittlere „Scheibe" des Thrones bereits viele Kilometer hoch sein musste.

Ich schaute mich um und betrachtete einige Zeit die Dinge, die ich bisher schon gesehen hatte, vor allem die vier Cherubim, die Heere der Menschen und die Umhüllung der Myriaden von Engeln, die wie eine einzige geschlossene goldene Fläche wirkte. Die Flügel der Cherubim sah ich nicht oder nahm sie zumindest nicht wahr.

Weit unter uns befand sich der Cherub, von dem ich wusste, dass er in der Bibel als Stier beschrieben wird. Jesus fragte mich, ob ich es erklärt haben möchte, was ich sofort bejahte. Sogleich befand ich mich vor der himmlischen Kreatur, die für mich immer noch mehr wie ein Objekt und weniger wie ein lebendiges Geschöpf aussah. Ich betrachtete noch einmal die Oberfläche aus der schillernden, changierenden Augenfläche und stand dann vor der Öffnung des Lebewesens, die sich, meinem Empfinden nach, kilometerhoch über mir erhob. Es war fremdartig und sonderbar, allerdings ohne Furcht einflößend zu sein. Diese Kreatur war einfach anders – und ich wusste, dass sie überaus mächtig war.

Ich erkannte in meinem Inneren, dass der Stier ein Opfertier und als solches rein ist, was für den Adler und den Löwen, mit denen zwei weitere der Cherubim beschrieben werden, interessanterweise nicht gilt. Ein Stier ist stark und in der Regel nicht gewalttätig, sondern gutmütig und friedlich. Wenn er allerdings kämpft, ist er aufwallend, aufbrausend, durchbrechend, heftig, ungestüm und rennt alles nieder, was sich ihm in den Weg stellt. Er wälzt seine Gegner bzw. Angreifer geradezu nieder, stößt sie um, zertritt sie. Wenn er kämpft, bricht er mit mächtiger, instinktiver Gewalt durch, ohne Nachdenken und ohne List. Stiere wurden in vielen heidnischen Religionen angebetet und verehrt, denn sie versinnbildlichen in ihrem Wesen die real existierende Kraft eines der Cherubim. Natürlich ist der Cherub kein Stier, sondern eine universale geistliche Macht, eine der Kontrollkräfte der Schöpfung, die die göttliche Weltordnung repräsentieren. Aber das Prinzip dieses Wesens findet durch die Natur des Stieres am ehesten einen für Menschen verständlichen irdischen Ausdruck.

Trotzdem war ich erstaunt darüber, dass diese gewaltigen Kreaturen in der Bibel mit ganz normalen irdischen Tieren in Beziehung gebracht werden. Dann erkannte ich aber, dass der Vergleich ein klein wenig so zu verstehen ist, wie wenn man behauptet, dass der Affe dem Menschen ähnlich sei. Dies ist in einem gewissen und äußerst begrenzten Sinne korrekt und in Ermangelung eines besseren irdischen Vergleiches nachvollziehbar, auch wenn wir wissen, dass es generell natürlich nicht stimmt. Der Mensch ist ungleich mehr als der Affe, aber dennoch ist der Affe das dem Menschen ähnlichste Lebewesen der Erde. Ähnlich verhält es sich mit den Cherubim und den Tieren, mit denen sie in Verbindung gebracht werden. Die Tiere verdeutlichen einen kleinen Teil ihres Wesens.

Ein anderer Cherub wird als fliegender – nicht ruhender oder sitzender – Adler beschrieben. Ein Adler schwebt über allem, er hat im Grunde genommen keine Feinde und stößt von weit oben punktuell nieder, um sein Opfer zu packen. Der Löwe hingegen verbreitet allein durch seine Gegenwart Furcht. Er ist sich seiner Kraft und Position bewusst und drückt dies durch sein Gebrüll aus. Er zerreißt und zerfleischt seine Gegner. Der Mensch hingegen, der den letzten der Cherubim darstellt, hat vergleichbar wenig eigene Kraft. Aber durch die ihm von Gott gegebene Position und Autorität ist er weit mächtiger, als jedes Tier es jemals sein kann. So ist es auch mit den Cherubim. Ich erkannte, dass derjenige, dessen Wesen durch einen Menschen symbolisiert wird, der mächtigste der Vier ist. Danach folgen Löwe, Adler und zuletzt der Stier.

Während ich noch darüber nachdachte, sagte eine Stimme zu mir, dass ich schauen sollte.

So blickte ich auf und sah in die höhlenartige Tiefe des Cherub. Plötzlich realisierte ich, dass das Wesen bis in die Tiefe erleuchtet war und es nirgendwo einen Schlagschatten gab. Im gleichen Augenblick fiel mir auf, dass es im gesamten Thronsaal keinerlei Schatten gab. Absolut alles war in sanftes, goldenes Licht eingehüllt. Das Einzige, das wirklich von innen heraus intensiv leuchtete, war der Strom des Geistes, der durch den Thronsaal floss.

Ich blickte zurück in den Cherub und erschrak. Von tief innen und blitzschnell größer werdend, stürmte urplötzlich ein gewaltiger, unfassbar großer Wildbüffel mit gesenktem Kopf auf mich zu. Er war klar erkennbar, scharf umrissen, besaß aber nicht die gleiche Substanz wie die anderen Dinge, die ich in diesem Thronsaal bisher gesehen hatte. Er schien aus Licht zu bestehen. Der mächtige Stier verschwand noch innerhalb der Tunnelröhre, einige Sekunden bevor er mich erreicht hätte.

Nun war ich völlig irritiert.

Bild 27

Ein Mann aus der Heerschar

Nach langer Zeit fand ich mich während eines Morgens im himmlischen Thronsaal wieder. Ich sah das gewaltige goldene Rund, das sich wie eine gigantische Kuppel hoch über mir wölbte und bemerkte, dass ich mich direkt neben einer Person befand, einem Mann, der an der hinteren linken Ecke einer der „Herrscharen" stand, die überall im himmlischen Thronsaal zu sehen waren.

Ich blickte über mich und sah in großer Entfernung andere dieser Netze mit Millionen von Menschen, die sich hier in der Gegenwart Gottes befanden und anbeteten. Unter mir bot sich das gleiche Bild. Ich blickte nach vorne, in Richtung auf den Thron zu, und sah Tausende von Menschen in Reih und Glied stehend vor mir. Sie bildeten die linke Außenseite dieser Heerschar. Alle schauten zum Thron. Ich blickte nach rechts und sah die hintere Kante dieses Netzes, ebenfalls mit Tausenden von Menschen. Ich wusste innerlich, dass das Netz quadratisch war, also an jeder Seite gleich viele Menschen standen. Da ich im Inneren empfand, dass es pro Seite Tausende sein mussten, vermutete ich, dass das Netz aus mindestens 2.000 mal 2.000 Personen, also vier Millionen, bestehen musste – eine wirkliche Heerschar.

Ich spürte, dass ich die neben mir stehende Person ansprechen sollte. Sie trug ein langes, strahlend weißes Gewand mit einem goldenen Gürtel und einen schmalen goldenen Reif als Krone.

Es erinnerte mich sehr an die Bekleidung Jesu. Die Person war barfuß und wandte sich mir zu. Es war offensichtlich ein Mann, der in Asien gelebt hatte. Ich unterhielt mich mit ihm über das, was er hier im himmlischen Thronsaal tat und er erklärte mir, dass es ein großes Vorrecht für ihn sei, Teil dieses Thronsaales sein zu dürfen. Ich fragte ihn, wie er es empfand, an diesem Eckpunkt zu stehen und er antwortete, dass der Herr ihm in seiner Gnade gewährt hätte, ein Eckpfeiler der Gemeinde zu sein. Das würde durch den Platz, an dem er hier stehe, Ausdruck finden. Doch er wies mich sogleich darauf hin, dass jeder einzelne Mensch hier von unendlicher Bedeutung sei. Denn ohne jeden Einzelnen sei dieser Thronsaal nicht vollkommen.

Ich sprach mit ihm darüber, dass unzählige Menschen oder überhaupt Lebewesen hier in der Anbetung vor Gott standen – offensichtlich ohne jemals ihren Platz zu verlassen – während mir doch gleichzeitig bewusst war, dass das himmlische Jerusalem mit Leben und Geschäftigkeit erfüllt war und die Lebewesen der Himmelswelt etwas zu tun hatten, aktiv waren und gewissermaßen in den Belangen Gottes ständig unterwegs waren. Wie gehörte das zusammen?

Seine Antwort überraschte mich. Er wies mich darauf hin, dass ich mich in diesem Augenblick als irdischer Mensch bei mir zuhause befand und doch gleichzeitig an diesem himmlischen Ort sei. Beides sei absolut real. Mit meinem Geist würde ich mich in der geistlichen Realität bewegen. Mit meinem Körper befände ich mich in der natürlichen Welt. Ähnlich wäre es auch in der himmlischen Dimension. Während er hier in Ewigkeit in Anbetung vor Gott stand, ohne jemals das Bedürfnis oder

Empfinden zu verspüren, diesen Platz verlassen zu wollen, so sei er doch gleichzeitig im himmlischen Jerusalem und an vielen anderen Orten der himmlischen Dimension in den Dingen Gottes unterwegs. Das, was mir im Thronsaal nahezu unbewegt erscheine, wäre nur ein einziger, kleiner Blickwinkel der himmlischen Realität. Ich könne mich auf der Erde und gleichzeitig im Himmel befinden – und genauso befänden sich himmlische Wesen im Geist an verschiedenen Orten. Im Geist gäbe es keine zeitlichen und räumlichen Begrenzungen. Das sei etwas, was über menschliches Verstehen hinausginge. Er wäre für immer hier – und für immer an zahlreichen anderen Orten. Gott wäre für immer hier auf dem Thron – und für immer allgegenwärtig. Obwohl ich seine Antwort nachvollziehen konnte, berührte sie mich sonderbar. Wieder einmal ging etwas weit über meine bisherige beschränkte, irdische Sichtweise hinaus.

Dann legte Jesus, der auf der anderen Seite neben mir stand, seinen Arm um meine Schulter und sagte:

„Der Himmel übersteigt jede menschliche Vorstellung.
Jede Beschreibung des Himmels ist nichts anderes als ein Bruchstück und zeigt nur einen winzigen Ausschnitt.

Glaub mir: Der Himmel ist anders. Er ist der anhaltende, ewige, immerwährende Aufenthalt in der Gegenwart des allmächtigen, allwissenden, unbegrenzten Gottes. Du als Mensch bist hineingenommen in all das, was er ist und was er hat. Das Erbe der „Heiligen im Licht“ ist viel, viel mehr, als sich Menschen jemals ausmalen können. Wer dieses Erbe nicht ergreift, der hat das eigentliche Leben versäumt.

In alle Ewigkeit wirst du über das, was Gott für dich als Mensch getan und bereitet hat, voller Begeisterung sein. Gott hat Göttliches für seine Kinder vorbereitet. Niemals wird es einen Augenblick des Bedauerns, der Langeweile, des Zweifelns geben. Niemals wird sich jemand wünschen, woanders zu sein."

Bild 28

In den Thron hinein

Ich unterhielt mich morgens im Bett mit dem Herrn betreffs der Bilder und Visionen. Er sagte mir, dass ich jederzeit kommen und weiter schauen könne und es nichts gäbe, was mich davon abhalten könne, außer mir selbst. Ich könne mich im Bereich der geschauten Dinge frei bewegen. Es würde allein an mir liegen, wann und wie viel ich sehen würde.

***Sucht, was droben ist**, wo der Christus ist, sitzend zur Rechten Gottes! Sinnt auf das, was droben ist, nicht auf das, was auf der Erde ist!*
Kolosser 3,1-2

Dann befand ich mich plötzlich im Thronsaal. Ich spürte, dass Jesus neben mir war, um mich zu leiten. Tief unter uns lag der Thron. Genauso wie ich ihn schon zahlreiche Male gesehen hatte, erschien mir die Oberfläche etwas stumpf und matt im Vergleich zu der durch das goldene Licht leuchtenden Umgebung.

Doch da bewegte sich unerwartet ein Lichtschein über den Thron. Es erinnerte mich an den Lichtschein einer Fackel, die vorbeizieht und dabei einen Gegenstand trifft und ihn zum Leuchten bringt, oder an die aufgehende Sonne, deren Strahl über etwas streift. Der Thron begann zu leuchten, als ob er angestrahlt würde. Das Strahlen zog langsam über ihn hin. Er sah anders aus als bisher. Ich nahm ihn nun als ein strahlendes, aufleuchtendes, feuriges und doch völlig in sich ruhendes Objekt wahr. Dann erklang Jesu Stimme: „Schau ihn dir an!“

Sofort befand ich mich im Mittelbereich, auf der gleichen Ebene wie die Fackeln und die Throne der Ältesten, sehr nah vor dem Thron. Direkt vor mir ragte er wie eine Wand hoch über mir auf und ging tief unter mir herunter. Ich blickte etwas nach rechts und links und sah die gigantische Rundung, die nach hinten langsam aus meinem Blickfeld verschwand.

Der Thron vor mir hatte wie gesagt dieses Mal eine strahlende, schwer zu beschreibende Substanz, anders als das Gold, das ich bisher gesehen hatte. Von der Erscheinung her erinnerte er mich an eine ruhig brennende, unbewegte Feuerflamme, ähnlich der Substanz, die ich beim himmlischen Jerusalem wahrgenommen hatte. Sie war fest, aber nicht in der Art, wie irdische Materie fest ist. Sie strahlte von innen heraus. Es war ein warmes Strahlen und in meine Gedanken kam die Aussage: Höher als der Mount Everest. Dann forderte Jesus mich auf: „Geh hinein!"

Ich war überrascht. Diese Aufforderung kam unerwartet. Ich stand direkt vor dem Thron, keine Armlänge entfernt. Nach kurzem Zögern streckte ich meine Hand aus und berührte ihn. Dabei glitt meine Hand in ihn hinein, so wie sie in extrem dichten Nebel gleiten würde. Es war keinerlei Widerstand zu spüren. Auf einmal bewegte ich mich ganz in diese Substanz hinein, glitt geradezu durch sie hindurch. Es war eine schwer zu beschreibende Erfahrung, anders, als ich es beim Perlentor erlebt hatte, denn ich empfand deutlich, dass die Substanz diesmal durch mich hindurchging – und ich gleichzeitig durch sie. Unvermittelt musste ich an Licht denken, das durch Wasser hindurchgeht. Es erinnerte mich an Unterwasseraufnahmen, auf denen man sehen kann, wie das Wasser von Lichtstrahlen durchdrungen wird.

Die goldene Substanz des Thrones veränderte sich in keiner Weise dadurch, dass ich mich durch sie hindurchbewegte. Nebel würde in Bewegung geraten, doch das war hier nicht der Fall. Sowie ich in sie eintrat, nahm ich nichts anderes mehr wahr, als ihr warmes, strahlendes Licht. Es umgab und durchdrang mich völlig, ich war wie durchflutet.

Ich fühlte mich orientierungslos und irritiert, doch Jesus forderte mich auf: „Geh weiter!" So bewegte ich mich mehrfach ein Stückchen weiter, hielt jedoch immer wieder inne. Dann verblasste das Bild.

Bild 29

Am Ort des Ursprungs

Während eines Fastentages bemerkte ich, dass sich Jesus direkt neben mir befand. Uns umgab völlige Dunkelheit. Nicht das Geringste war zu erkennen. Ich wusste, dass wir uns innerhalb eines geschlossenen Raumes befanden. Wir standen nicht auf einem Fußboden, sondern schwebten innerhalb des Raumes. Mitunter kann man, auch in dunklen Räumen, ein Gefühl für die Proportionen und die Größe gewinnen, doch das war hier nicht möglich. Es war für mich nicht feststellbar, wie groß oder klein dieser Raum war.

Während wir uns dort aufhielten, erläuterte mir Jesus, dass wir uns in einem Raum im Inneren des goldenen Thrones befanden. Hier sei der Ursprung aller Dinge. Weil ich durch sein Blut, das Blut des perfekten Opferlammes, gereinigt sei, dürfe ich mich diesem Raum nahen und mich darin bewegen.

In ihm [Jesus] *haben wir Freimütigkeit und* ***Zugang*** *in Zuversicht durch den Glauben an ihn.*
Epheser 3,12

Ich sah nichts, doch ich bemerkte, dass ein zarter Duft und ein zarter Klang den Raum durchzogen. Ich bewegte mich nicht und sprach nicht, denn mit meinem ganzen Sein empfand ich, dass dieser Raum nur mit einem Wort zu beschreiben war: Heilig! Das Zentrum des Allerheiligsten!

Einige Tage später befand ich mich wieder in dem dunklen Raum inmitten des Thrones. Ich hielt die Hand Jesu, der neben mir stand. Er sagte mir, dass ich oft zum Gebet und zur Fürbitte hierher kommen würde, direkt in die Gegenwart Gottes. In der folgenden Zeit stand ich während des Gebets immer wieder in diesem Raum mit Jesus direkt an meiner Seite. Irgendwann erkannte ich, dass der Raum rund sein musste, genau wie der goldene Thron.

Dann erinnerte ich mich an die vier kleinen Tunnel. Sie gingen durch den ganzen Thron hindurch und wiesen genau in die Richtung der vier lebendigen Wesen. Ich dachte an die beiden Tragestangen der Bundeslade, die durch Ösen gesteckt wurden, um sie zu transportieren. Unsichtbare „Stangen", durch diese Tunnel gesteckt, würden sich genau in diesem inneren Raum treffen. Ich empfand, dass der Strom des Heiligen Geistes genau hier in diesem Raum entspringen musste.

Dann dachte ich daran, dass der irdische Tempel nichts anderes war als ein unvollkommenes Abbild der himmlischen Wahrheit. Die Stiftshütte und der Tempel stellten ein Schattenbild der ewigen Realität dar:

Denn Christus ist nicht in ein von Menschenhand errichtetes Heiligtum hineingegangen, in ***ein Abbild des echten****, sondern in den Himmel selbst, um jetzt vor Gottes Angesicht für uns einzutreten.*
Hebräer 9,24 (Luther)

Ich verstand, dass es auch in der himmlischen Dimension Vorhöfe, das äußere Tempelgebäude, das innere Heilige, das goldene Allerheiligste und letztlich den inneren Raum innerhalb des Gnadenthrones gibt. Die Stiftshütte, die Mose errichten ließ, basierte auf dem, was Gott ihm in der Himmelswelt geoffenbart hatte:

Und der HERR redete zu Mose und sprach: … Und sie sollen mir ein Heiligtum machen, damit ich in ihrer Mitte wohne. Nach allem, was ich dir zeige, nämlich ***dem Urbild der Wohnung*** *… danach sollt ihr es machen.*
2. Mose 25,1+8-9

Mir wurde bewusst, dass der „goldene Raum", wie ich ihn bisher gesehen hatte, dem Allerheiligsten entsprach. Das Allerheiligste im Tempel war ein Raum, der völlig mit Gold ausgekleidet, gewissermaßen „umhüllt" war.

Das ganze Haus überzog er mit ***Gold****, das ganze Haus* ***vollständig*** *… Und den Fußboden des Hauses überzog er mit Gold, im Inneren und im Äußeren.*
1. Könige 6,22+30

Innerhalb dieses Raumes gab es den Ort der eigentlichen Bundeslade, den Ort des Gnadenthrones, der von den Cherubim bewacht und bedeckt wurde. Hier lag der Ort, an dem Gott sein tiefstes, inneres Wesen offenbarte. Unter dem Gnadenthron befand sich innerhalb der Bundeslade ein kleiner Innenraum, der nie geöffnet wurde. Es war ein verborgener Raum unterhalb des Sühnedeckels. Hier wurden die Gesetzestafeln, der grünende Stab Aarons und ein Gefäß mit Manna aufbewahrt.[30]

---

30 Hebräer 9,4

Lasst uns nun mit Freimütigkeit hinzutreten zum ***Thron der Gnade*** …
Hebräer 4,16

Nach einer Predigtvorbereitung sprach der Herr erneut über den himmlischen Thronsaal zu mir und teilte mir Weiteres mit. Im Inneren des irdischen Heiligtums lag das Allerheiligste als ein abgeschlossener Raum ohne direkten Zugang. Man konnte von außen nicht einfach hineintreten und schon gar nicht hineinsehen. Um etwas erkennen zu können, musste man sich innerhalb des Raumes befinden. Weiter nach außen gehend kamen dann der Bereich des Heiligen, das eigentliche Tempelgebäude, die verschiedenen Vorhöfe, dann die Stadt Jerusalem und letztlich das gesamte Land der Verheißung.

Ich hatte den Thronsaal als das Allerheiligste sehen dürfen, befand mich also innerhalb dieses geschlossenen, goldenen Raumes. Bisher war mir nicht klar, was sich außerhalb der goldenen Umhüllung befand. Wenn der Raum das Abbild des Allerheiligsten war, dann musste er von den verschiedenen anderen himmlischen Bereichen umgeben sein, die ihre Entsprechung im Heiligen, im Tempelgebäude, in den Vorhöfen usw. hatten.

So fragte ich: „Befindet sich der Thronsaal denn innerhalb des himmlischen Jerusalems?“

Jesu Antwort lautete: „Ja! Der Thronsaal Gottes ist der Mittelpunkt des himmlischen Jerusalems. Genauso, wie das Allerheiligste der Mittelpunkt des israelischen Lagers in der Wüste und später der des irdischen Jerusalems war.“

Er teilte mir mit, dass ich in diesen Raum hineingekommen sei, weil ich von ganzem Herzen die Herrlichkeit Gottes zu sehen begehrt hatte, vor seinem Thron stehen und in seine unmittelbare Gegenwart kommen wollte. Der Zugang sei für alle Kinder Gottes frei. Durch das erlösende Blut Jesu würde jeder von uns den direkten und uneingeschränkten Zugang zu Gott bis ins Allerheiligste hinein haben, doch die meisten Christen würden sich nicht danach ausstrecken und deshalb nicht bis hierher gelangen. Viele von ihnen würden kommen, aber in einem der Vorhöfe stehen bleiben.

Ich blickte an mir herab und stellte fest, dass ich mit einem leinenen Gewand bekleidet und barfuß war.

Einige Tage später offenbarte mir der Herr, dass das Bild des Tempels, wie er in der Bibel beschrieben wird, nicht nur ein Abbild der himmlischen Realität, sondern auch ein Bild für das Wesen eines wiedergeborenen Menschen ist. Wir selbst werden ein Tempel des Heiligen Geistes genannt. Der Aufbau und die Struktur des Tempels sind deshalb auch ein Bild für uns als Kinder Gottes:

Wer aber dem Herrn anhängt, ist ein Geist mit ihm … Oder wisst ihr nicht, ***dass euer Leib ein Tempel des Heiligen Geistes in euch ist****, den ihr von Gott habt, und dass ihr nicht euch selbst gehört?*
1. Korinther 6,17-19

Das eigentliche Gebäude des Tempels steht für unseren Körper. Jeder kann ihn sehen, er ist unser Äußeres. Der vordere Bereich des Tempels, in den man bei geöffneten Türen hineinblicken kann, ist das Heilige. Es entspricht unserer Seele, also unserem Denken, Wollen und Fühlen. Noch tiefer im Inneren ist unser Geist. Er entspricht dem Allerheiligsten. In ihm verborgen, ganz tief innen, für niemanden sichtbar oder erreichbar, befindet sich der Ort der Bundeslade, an dem er in uns wohnt, der Ort seines Thrones, seiner Herrlichkeit. Dort, wo der Heilige Geist in unserem Geist Wohnung genommen hat, wo er in unserem Leben gegenwärtig ist.

Wenn jemand mich liebt, so wird er mein Wort halten, und mein Vater wird ihn lieben, und wir werden zu ihm kommen und ***Wohnung*** *bei ihm machen.*
Johannes 14,23

Umgeben ist all dies von verschiedenen Vorhöfen, die verschiedene Stadien von Beziehungen zu anderen Menschen verdeutlichen, je nachdem, ob sie inniger oder oberflächlicher sind.

Bild 30

Im Innersten des Allerheiligsten

Recht plötzlich und unerwartet befand ich mich, keinen Meter entfernt, frontal vor dem gigantischen Thron inmitten des himmlischen Thronsaales. Mein Blick wanderte nach unten und tief unter mir sah ich den hellen, glühenden Strom des Geistes. Ich blickte empor und dort bot sich mir das gleiche Bild. Wie eine Achse durchschnitt der Strom den gesamten Innenraum. Es war ein Bild vollkommenen Friedens, vollkommener Ruhe, fast unbewegt. Mein tiefer Eindruck war: Hier ist Ewigkeit!

Ich wusste, dass ich mich wieder in das Innere des Thrones hineinbegeben sollte. So bewegte ich mich vorwärts und gelangte in den Thron hinein. Die Substanz erinnerte mich erneut an äußerst dichten Nebel, der allerdings in seiner Form klar und scharf umrissen war und einen „stabilen“ Eindruck machte. Der Thron besaß einerseits eine „feste“ Oberfläche. Man konnte ihn anfassen, befühlen und hätte auch etwas darauf stellen oder dagegen lehnen können und es wäre stehen geblieben. Andererseits konnte ich mich hindurchbewegen.

Diesmal umhüllte mich sofort Dunkelheit, aber es war sehr angenehm. Ein zarter Ton erfüllte das ganze Objekt. Ich bewegte mich weiter vorwärts und nach einer ganzen Weile empfand ich, dass ich bald in den freien Raum im Inneren kommen würde, in das innere Zentrum des Allerheiligsten. Um mich herum war es absolut dunkel. Ich kam in den Raum hinein. Erschüttert machte ich mir bewusst, dass ich mich im Mittelpunkt des himmlischen Allerheiligsten direkt vor dem Ort des ewigen Opfers, der ewigen

Sühnung befand. Jesus forderte mich auf, ihn immer wieder an dieser Stelle aufzusuchen und ihm hier zu begegnen.

*Mose aber näherte sich dem **Dunkel**, wo Gott war.*
2. Mose 20,21

Am folgenden Tag sah ich das gleiche Bild mit dem gleichen Ausgangspunkt. Ich bewegte mich nach vorne und sogleich umhüllte mich die Substanz wieder mit warmer Dunkelheit. Noch während ich mich innerhalb der Nebelsubstanz befand, ergriff ich die Hand Jesu, der neben mir war. Er sagte: „Ich bin ganz nah bei dir!“ Hand in Hand traten wir in den innersten Raum hinein.

Ich stellte fest, dass der ganze Thron von einer fast unmerklichen Musik, einer Melodie, leicht und sanft durchzogen war. Nach einiger Zeit der Stille bewegten wir uns bis etwa zur Mitte des Raumes weiter. Obwohl ich nichts erkennen konnte, waren mir die Proportionen und Raumverhältnisse doch inzwischen bewusst. Ich wusste, dass der Raum die Form einer Kugel besaß. In seiner räumlichen Mitte befand sich ein Objekt aus einem kühlen, nicht erkennbaren Material. Es war glatt, als ob es poliert wäre und hatte scharf abgesetzte Kanten. Der Aufbau dieses Raumes erinnerte mich stark an den eigentlichen Thronsaal, ebenfalls kugelförmig und mit dem Objekt des Thrones – ganz ähnlich geformt – in der Mitte.

Jesus sagte mir, dass nur wenige Menschen in dieser Weise zu dem Thron der Gnade kommen würden. Engel würden es nicht wagen, obwohl sich auch hier Engel um diesen inneren Raum herum befanden. Sie würden ihn allerdings nicht schauen, sondern ihr Angesicht fest verdeckt halten.

Bild 31

Ein Ort, an den wenige Menschen kommen

Ich wurde nachts wach und hörte, wie Jesus mich fragte, ob ich etwas sehen wolle. Sogleich befand ich mich wieder innerhalb des himmlischen Thronsaales, sehr weit oben, nahe der Stelle, an der der Strom des Geistes aus der Umhüllung des Raumes herausfloss. Genau unter mir, weit entfernt, lag der Thron. Die ganze Struktur des gigantischen Raumes war von hier aus zu überschauen. Um den gewaltigen Thron herum waren die 24 kleinen Throne angeordnet, kaum zu erkennen von meiner Position aus. Die Heere von Menschen und Engeln befanden sich überall, wie leichte Gespinste, frei im Raum um den Thron angeordnet. Ich sah die Lichtflügel der Cherubim, die wie Ebenen aus Licht den Raum gleichmäßig aufzuteilen schienen. Wieder bemerkte ich den zarten, anhaltenden Klang, der den ganzen Raum erfüllte.

Dann realisierte ich, dass die Cherubim in den vier Himmelsrichtungen um den Thron herum angeordnet waren. „Himmelsrichtungen" – welch ein bemerkenswertes Wort. Warum teilen Menschen den Raum um sich herum in vier Richtungen ein und nicht beispielsweise in fünf, sechs oder acht? Norden, Osten, Süden und Westen? Auch ein Kreis wird in vier rechte Winkel mit 90 Grad eingeteilt. Ähnlich werden oft auf dem Ziffernblatt einer Uhr die Zahlen 3, 6, 9 und 12 hervorgehoben. Sie teilen den Kreis ebenfalls in vier Teile ein. Diese irdische Einteilung ist ein Bild davon, dass es im Himmel vier Gewalten, vier Prinzipien gibt, die diese Richtungen vorgeben.

Es erinnerte mich auch daran, dass in der Bibel mehrfach von den vier Winden gesprochen wird.

Diese sind ***die vier Winde des Himmels****, die herauskommen, nachdem sie vor dem Herrn der ganzen Erde gestanden haben.*
Sacharja 6,5

Nach einiger Zeit realisierte ich, dass ich mich wieder im Dunkel des inneren Raumes des Thrones befand. Ich spürte, dass es diesmal anders war, als bei den letzten Malen, bei denen ich diesen Ehrfurcht gebietenden Raum betreten durfte. Und tatsächlich, diesmal sah ich nicht nur Dunkelheit, sondern bemerkte nach einiger Zeit züngelnde Flammen, die, an Blitze erinnernd, waagerecht um das altarartige Objekt im Mittelpunkt des Raumes herum flackerten. Es waren keine Flammen wie bei einem Feuer und erinnerten mich auch nicht an Glut, sondern eher an so etwas wie Elektrizität, an Funken, an Blitze. Die ganze Atmosphäre innerhalb des Raumes war wie aufgeladen, geradezu so, als ob es knisterte.

Und der Tempel Gottes im Himmel wurde geöffnet, und die ***Lade seines Bundes wurde*** *in seinem Tempel* ***gesehen****; und es geschahen* ***Blitze*** *und Stimmen und Donner und ein Erdbeben und ein großer Hagel.*
Offenbarung 11,19

Einige Zeit später war ich im Gebet von der Herrlichkeit und Größe Gottes ergriffen, als ich vernahm, dass Jesus mich aufforderte: „Komm, ich zeige dir etwas. Schau!“

Es war dunkel. Mein erster Eindruck war, dass voneinander verteilt so etwas Ähnliches wie glühende Kohlen liegen würden. Es waren etwa kugelförmige Haufen, ähnlich wie Kugeln aus glühender Lava. Dann bemerkte ich etwas Blitzartiges, das zwischen den glühenden Objekten hin und her zuckte und sich zwischen ihnen bewegte. Zahlreiche dieser hell glühenden, in sich selbst lodernden Objekte waren über eine von mir in den Ausmaßen nicht definierbare Fläche verteilt. Dazwischen bewegte sich sehr schnell ein Lichtschein hin und her. Es erinnerte mich etwas an den Lichtpunkt eines Pointers bei Vorträgen, den man schnell hin und her schwenkt.

*Und er machte **Finsternis** rings um sich her zur Hütte …*
*Aus dem **Glanz vor ihm** brannten **feurige Kohlen**.*
2. Samuel 22,12-13

Ich wusste, dass in der Bibel von glühenden Steinen und auch von Licht, das sich hin und her bewegt, die Rede ist. So fragte ich Jesus, was das sei. Er erklärte mir, dass er nach der Himmelfahrt an diesen Ort gekommen sei, um den Heiligen Geist auszusenden. Dies sei die Quelle des Stromes des Geistes. Hier brütet der Geist Gottes und von hier fließt er aus.

Dann sagte er wieder, dass dies ein Ort sei, an den wenige Menschen kämen. Dieser Ort sei heilig und ein Ort, an dem menschliche Größenverhältnisse nicht anwendbar sind.

*Und mitten zwischen den lebenden Wesen war ein Schein wie von brennenden **Feuerkohlen**; wie ein Schein von Fackeln war das, was zwischen den lebenden Wesen **hin- und herfuhr**; und das Feuer hatte einen Glanz, und aus dem Feuer fuhren **Blitze** hervor.*
Hesekiel 1,13

Bild 32

Der Mittelpunkt des himmlischen Jerusalems

Während einer Gebetszeit forderte mich Jesus auf, das himmlische Jerusalem anzusehen.

Kurz darauf erblickte ich das Gebilde aus großer Entfernung. Im Inneren war wieder etwas wie ein zentraler Kubus aus Lichtkanten zu erkennen, der golden leuchtend von vielen anderen, strahlenden Ebenen, Körpern und dreidimensionalen, gewölbten Flächen durchschnitten und durchflutet wurde. Das Ganze war ungemein komplex, ineinander verzahnt und kaum beschreibbar. Die verschieden geformten Objekte durchflossen einander und gehörten auf eine nicht in Worte zu fassende Art zusammen. Es waren keine festen Körper, sondern eher glühende, helle Lichtgebilde. Auch kugelförmige „Lichtblasen", die sich wie eine Hülle um die ganze Erscheinung legten, waren zu sehen.

Ich wusste bereits, dass diese Vollkommenheit von meinem an Raum und Zeit gebundenen menschlichen Verstand nicht erfasst werden konnte. Dies war die himmlische Braut! Ein befremdlicher Gedanke.

Nur einen Atemzug später fand ich mich unerwartet innerhalb des himmlischen Thronsaales wieder. Ich sah den Thron, den Strom des Heiligen Geistes, die goldene, kugelförmige Umhüllung. Dann geschah etwas, was ich nicht erwartet hatte.

Ich befand mich plötzlich außerhalb des Thronsaales, den ich nun zum ersten Mal wie eine goldene, leuchtende Kugel von außen sah. Dann sah ich, wie sich das komplexe Objekt des himmlischen Jerusalems und die Kugel des himmlischen Thronsaales ineinander bewegten und miteinander verschmolzen. Die mir bekannten Bilder des Thronsaales und des himmlischen Zions wurden zu einem einzigen gemacht. Es war wie ein Ineinanderfließen von Lichtobjekten, fast wie eine Überblendung. Die beiden Erscheinungen flossen ineinander, durchdrangen, verbanden und vereinten sich.

Ich war völlig verblüfft. Diese beiden zunächst so unterschiedlichen Visionen durchdrangen plötzlich einander und bildeten eine neue Einheit. Im Mittelpunkt von allem erblickte ich den Thron Gottes und ich wusste, dass er die Mitte des himmlischen Jerusalems bildete.

Das unerwartete und fremdartige Bild rührte mich tief an. Gott hatte mir zwei unterschiedliche himmlische Bereiche geoffenbart und nun gezeigt, wie diese beiden zusammengehörten.

Und ich schließe mit ihnen einen Bund des Friedens, ein ***ewiger*** *Bund wird es mit ihnen sein … und setze* ***mein Heiligtum in ihre Mitte für ewig****. Und meine Wohnung wird über ihnen sein … wenn* ***mein Heiligtum für ewig in ihrer Mitte*** *ist.*
Hesekiel 37,26-28

Bild 33

Der Strom in der Stadt

Es war Nacht, als ich plötzlich fühlte, dass sich Jesus an meiner Seite befand und mich an meiner Hand ergriff. Ein oder zwei Sekunden lang schien es mir, als ob wir fliegen würden, dann befanden wir uns auf etwas wie einem sehr hohen Turm. Dieser war sehr schlank und breitete sich oben kugelförmig wie eine Blütenknospe an einem Stängel oder Halm aus. Der Turm bestand komplett aus Gold und ich realisierte, dass er sich am Rande der gigantischen Baustelle des himmlischen Zions befand. Es war wie eine Aussichtsplattform und unter uns breitete sich – so weit das Auge reichte – der Bau des himmlischen Jerusalems aus.

Es war eine Baustelle aus Licht, aus Gold, aus Leuchten mit dieser bauwerkartigen, unbeschreiblich komplexen Struktur. Das uns bekannte Bild einer Stadt erstreckt sich im Prinzip ja eher zweidimensional in die Breite und die Länge. Doch dies hier erinnerte eher an ein unfassbar gigantisches Gebäude. Ein Gebäude, das Seen, Parks, Alleen, Straßenzüge, Wohnungen und vieles mehr beherbergte – und das nicht nachvollziehbar komplex und mehrdimensional ineinander verwoben war.

Ich wusste innerlich, dass diese Baustelle kontinuierlich in die Höhe wuchs. Mir schien es sogar, als ob man Kräne und Gerüste erkennen könnte, doch vielleicht waren es auch Gebäudeteile, die emporwuchsen. Ohne Unterlass wurde an diesem Objekt aus Gold, Licht und strahlender Schönheit konzentriert gearbeitet und gebaut.

In sehr großer Entfernung ragte auffällig eine gigantische Kuppel aus der Baustelle heraus. Sie musste extrem groß sein. Jesus fragte mich: „Was ist das?“, doch ich erkannte es nicht. Dann sagte er mir, dass dies der Thronsaal Gottes sei. Ich war überrascht, obwohl es mir einen Sekundenbruchteil später vollkommen verständlich erschien. Ich wusste, dass der Thronsaal Gottes den Mittelpunkt, das Zentrum des himmlischen Jerusalems bildete. Natürlich! Was sollte es sonst sein? Im Mittelpunkt des himmlischen Jerusalems liegt sein Thronsaal, der Ort seiner Gegenwart.

Und der Name der ***Stadt*** *heißt von nun an:* ***Hier ist der HERR***
[Jahwe Schammah].
Hesekiel 48,35

Ich war beeindruckt und verstand noch klarer, wie das Ineinanderfließen der beiden Visionen von Thronsaal und himmlischem Jerusalem zu verstehen war. Beides ist ein Einziges, das mir bisher jedoch aus zwei verschiedenen Blickwinkeln gezeigt wurde. Der Thronsaal ist das Zentrum der Stadt Gottes. Ich erkannte nun, dass dies keine normale Kuppel war, sondern der obere Teil des kugelförmigen Raumes, der bereits etwas über die Hälfte eingebaut und vom himmlischen Jerusalem umgeben war. Bald würde das ganze „Gebäude“ ihn umhüllt haben. Das Bauobjekt musste demnach etwas mehr als zur Hälfte fertiggestellt sein. Jesus sagte: „Sie wächst schnell!“

Ich dachte über die lebendigen Steine nach, die das himmlische Jerusalem bildeten, das lebende Baumaterial dieser geistlichen Stadt, die in Ewigkeit Bestand haben wird. Je mehr Menschen auf der Erde Jesus als Herrn und Retter annehmen und ins Reich Gottes kommen, desto weiter wächst die Stadt empor.

Irgendwann wird der letzte lebendige Stein eingesetzt werden und der Bau in vollkommener Perfektion vollendet sein.

Dann lenkte Jesus meine Aufmerksamkeit auf den Strom des Heiligen Geistes, der ja aus dem himmlischen Thronsaal in zwei Richtungen als mächtiger Strahl herausfließt. Ich konnte nichts erkennen, obwohl ich erwartet hatte, dass der Strom aus dem Scheitelpunkt der Kuppel wie ein gigantischer Strahl austreten müsse.

Im Inneren erkannte ich, dass ich mich nicht auf mein irdisches räumliches Denken verlassen durfte. Hier gab es kein Oben und Unten. Der kugelförmige Raum in der Mitte, und damit auch der austretende Strom des Heiligen Geistes, befanden sich zu meiner Position und dem, was ich als oben bzw. unten ansah, gedreht. Der Strom floss, von mir aus gesehen, sozusagen waagerecht und nicht senkrecht durch das Bauobjekt. Ich verstand, dass der Strom von dem wachsenden Gebäude bereits umgeben und von der Gebäudesubstanz „eingebaut“ war. Wie ein großer Kanal musste der Strom demnach quer durch das Gebäudeobjekt hindurchfließen.

Das irritierte mich und ich dachte darüber nach. Doch dann sagte Jesus: „Pass auf! Ich will dir noch etwas zeigen!“

Sogleich befand ich mich im Inneren des Bauwerkes im Bereich des leuchtenden Stromes des Heiligen Geistes. Das Bild erinnerte mich in frappierender Weise an Bilder, die ich in Kinderbibeln[31] gesehen hatte und die das himmlische Jerusalem, mit einem gerade fließenden, breiten Strom, gesäumt von Bäumen und dahinter liegenden goldenen Gebäuden zeigten.

---

31 Ich könnte mir denken, dass die Zeichner der Bilder dieser Kinderbibeln – sowie auch einige andere Künstler – eine göttliche Offenbarung über das himmlische Jerusalem und den Strom des Heiligen Geistes erhalten hatten.

Auf diesen Bildern war das Flussbett linealgerade, sah also eher wie ein Kanal aus. Das, was ich hier sah, war diesem Bild erstaunlich ähnlich, wenngleich nicht nur zweidimensional in Länge und Breite, sondern um die Dimension der Höhe erweitert. Der mächtige Strahl aus Feuer und Licht floss schnurgerade mitten durch das Bauwerk. Es war tatsächlich ein Strom, wenn auch nicht mit einem irdischen Fluss, der in einem Flussbett fließt, zu vergleichen. Es war ein goldener Lichtstrahl, der mitten durch die Stadt strömte. Das Gebäudeobjekt selbst umgab in einer Entfernung von, nach meiner Empfindung, etwa einem Kilometer diesen Strom von allen Seiten. So erinnerte mich das Bild fast an etwas wie eine gigantische Röhre, die bis zum Mittelpunkt der Stadt führte und bei der die Umbauung aus herrlichen, goldenen, lichtausstrahlenden, komplexen Teilen des Gebäudes bestanden. Es war wie eine herrliche, schnurgerade, dreidimensionale Pracht-Allee entlang des Stromes – oder besser: um den Strom herum – mit nach meinem menschlichen Ermessen also etwa zwei Kilometern Durchmesser. Das Ganze war nicht glatt oder einfach gebaut, sondern besaß etwas, was mich an eine Struktur wie die Fassaden einer wunderschönen Flanierstraße denken ließ. Es waren zahlreiche einzelne Gebäudebestandteile, die zusammen dieses erstaunliche Ensemble bildeten. Überall innerhalb des „Röhrenraumes" befanden sich – sozusagen frei im Raum schwebend, wie auch im himmlischen Thronsaal – zahllose Menschen, die offensichtlich flanierten oder lustwandelten. Ich nahm auch eine große Zahl Bäume wahr, ohne jedoch im Detail auf sie zu achten.

*Des **Stromes Läufe** erfreuen die **Stadt Gottes**, die heiligste der Wohnungen des Höchsten. Gott ist in ihrer **Mitte** …*
Psalm 46,5-6

Die Wirkung dieser Hunderte von Kilometern langen Röhre, in der es kein Oben oder Unten gab, war unbeschreiblich. Am meisten treffen die Beschreibungen Licht, Gold und Herrlichkeit zu. Und es erinnerte tatsächlich an eine Straße – eine unsagbar noble, edle und schnurgerade Prachtstraße.

Und er zeigte mir einen Strom von Wasser des Lebens, glänzend wie Kristall, der hervorging aus dem Thron Gottes und des Lammes. ***In der Mitte ihrer Straße*** *und des Stromes, diesseits und jenseits, war der Baum des Lebens …*
Offenbarung 22,1-2

Bild 34

Ein Gebäude in Zion

Es war kurz nach Mitternacht, als ich bemerkte, dass ich mich innerhalb des himmlischen Jerusalems in der Prachtstraße, in der gigantischen Röhre befand. Der Strom des Geistes floss frei durch diese beeindruckende Szenerie, die nach meinem Empfinden viele Hundert Kilometer lang sein musste. Alles strahlte in hellem Gold und schien von innen heraus zu leuchten. In diesem Bild von Gold und Licht erkannte ich Strukturen, die mich sehr an irdische Bauwerke, an Balkone, Portale, Fenster und Ähnliches erinnerten. Und doch war es anders, eher wie Licht und aus unirdischer Substanz errichtet.

Innerhalb der Straße sah ich überall Menschen, die meist in Gruppen flanierten oder zusammenstanden und sich unterhielten. Es erinnerte mich durchaus an eine breite, irdische Prachtstraße, dreidimensional prachtvoll umbaut. In der Mitte strömte der mächtige Strahl.

Jesus trat mit mir zu einer Gruppe von Menschen, die sich sogleich vor ihm niederknieten. Er berührte sie zart am Kopf oder strich ihnen über die Wange und ließ sie sich dann erheben. Es erschien mir fast wie eine Begrüßungszeremonie zu sein und war eine Geste voller Gunst und Freundlichkeit.

Ich empfand, dass ich mir gerne eines der Bauwerke in dieser Straße intensiver ansehen wollte und sofort bewegte sich Jesus mit mir in großer Geschwindigkeit über eine lange Strecke durch diese Straße. Dann standen wir vor einem gewaltigen, hoch aufragenden Portal. Es erinnerte mich an ein äußerst gepflegtes Palasttor. Es stand offen und wir traten ein. Alles war sehr hell und leuchtend. Im Inneren erblickte ich ein gewaltiges Atrium mit einem großen Wasserbecken. Ein majestätischer Springbrunnen befand sich in der Mitte. Um das Wasserbecken herum waren zahlreiche Bäume mit einer Vielzahl singender Vögel zu sehen. Ruhebänke standen verteilt. Ich betrachtete den Boden, der ein Muster besaß und mich an einen Fliesen- oder Mosaikfußboden erinnerte. Er war farbig, allerdings eher wie verschiedenfarbiges, ineinander verflochtenes Licht.

Im Wasser, das so tief war, dass ich die Tiefe nicht ausmachen konnte, schwammen zahlreiche bunte Fische. Ich blickte nach oben, doch obwohl wir uns innerhalb der himmlischen Stadt befanden, war keine obere Begrenzung des Innenraumes zu erkennen. Es war mir, als ob sich ein heller Himmel weit und hoch über uns wölbte.

Umgeben war der Innenhof von Galerien und Wandelgängen. Mir fielen zahlreiche Rundbögen auf. Sogleich befanden wir uns innerhalb einer der Galerien, nach meinem Empfinden im ersten Stock. Auf der einen Seite lag hinter den Rundbögen der Innenhof, auf der anderen befand sich eine Wand mit großen Türen, die in weiten Abständen voneinander lagen.

Wir traten gemeinsam durch eine Tür, die Jesus geöffnet hatte, und kamen in eine gigantische Bibliothek. Ich erkannte, dass dies wieder alle irdischen Größenverhältnisse und Proportionen sprengte. Der Raum war schlichtweg riesig und von den Ausmaßen her so groß, dass er nicht zu der im Verhältnis eher überschaubaren Galerie passte. Irdische Maßstäbe waren hier ganz offensichtlich nicht anwendbar.

Diese Bibliothek erinnerte mich in allem sehr an das himmlische Schatzhaus, das ich schon verschiedentlich gesehen hatte. Auch hier befanden sich umlaufende Emporen um einen gewaltigen Innenraum herum. Der Raum verschwand nach hinten immer mehr in lichtem Nebel, das Ende war nicht zu erkennen. Ohne dass ich Genaueres wahrnehmen konnte, sah ich, dass in dieser Bibliothek eine gewisse Betriebsamkeit herrschte.

Jesus schloss die Tür ohne weitere Erklärungen und öffnete dann eine andere, neben der wir uns im gleichen Augenblick befanden. Nun blickte ich in den Raum, dem ich den Namen „himmlisches Schatzhaus" gegeben und den ich schon oft betreten hatte. Die Proportionen schienen denen der soeben gesehenen Bibliothek zu entsprechen.

Ich wusste, dass es noch verschiedenste andere dieser Räume gab, auch welche, in denen die Kostbarkeiten der Ernte unseres Lebens aufbewahrt wurden.

Ohne dass ich eine Frage dazu stellen konnte, befanden wir uns plötzlich außerhalb des himmlischen Jerusalems und sahen es wieder aus großer Entfernung. Ich erkannte, dass der Bau seit meinem letzten Bild inzwischen sehr weit fortgeschritten war. Die Geschwindigkeit des Baufortgangs war absolut beeindruckend.

Jesus sagte: „Sie wächst jetzt sehr schnell und zur Fertigstellung hin wird es immer schneller werden. Es dauert nicht mehr lange und der letzte Baustein wird eingesetzt. Dann wird das Schofar des Himmels erklingen und alles irdische Treiben wird zum Stillstand kommen. Bald schon – sehr bald."

Juble laut, Tochter Zion, jauchze, Tochter Jerusalem! Siehe, ***dein König kommt*** *zu dir: Gerecht und siegreich ist er … Und der HERR wird über ihnen erscheinen, und sein Pfeil fährt aus wie der Blitz. Und* ***der Herr, HERR stößt ins Horn*** *und zieht einher in Stürmen des Südens.*
Sacharja 9,9-14

Bild 35

Die Stadt, die in Ewigkeit besteht

Jesus war bei mir und sagte: „Komm!“ Er legte seinen Arm um meinen Rücken und sogleich hatte ich das Gefühl, dass wir uns sehr schnell durch den Raum bewegten. Erst war es mir, als wenn die Umgebung schwarz sei, dann veränderte sie sich in tiefes Rot und letztlich sah ich, dass wir uns vor einer gigantischen goldenen Fläche befanden.

Ich erkannte, dass es sich um eine der Außenmauern des himmlischen Jerusalems handelte. Die goldene Fläche erstreckte sich, so weit das Auge sehen konnte, völlig gleichmäßig in alle Richtungen. Sie war eben und fugenlos. Wir befanden uns unmittelbar davor und so berührte ich die Mauer und legte meine Handfläche darauf. Wieder spürte ich durch meine Hand, dass dieses Gebilde lebte. Es war eine schwer zu beschreibende Erfahrung. Es war kein Pulsieren, wie bei einem irdischen Wesen, bei dem das Herz schlägt und das Blut in den Adern pulsiert, sondern eher wie ein Lodern, ein Fackeln, ein inneres „in Bewegung sein“. Äußerlich war alles völlig unverändert. Es erinnerte mich an Feuer und Glut. Was auf der Erde aus leblosem Material erbaut wäre, ist hier, in der Himmelswelt, mit einem flutenden Leben erfüllt, das mein Verstehen übersteigt und doch absolut real ist. Erneut verstand ich, dass dieses ganze Wesen, dieses Objekt, diese Stadt, in Ewigkeit von göttlichem Leben erfüllt ist.

Jesus sagte: „Lege dein Ohr darauf!" Ich tat es und lauschte. Es war wie ein Strömen, ein Brausen, ein Fließen zu hören. Ein Geräusch jedenfalls, das von Bewegung zeugte. Nun klang es durchaus doch etwas ähnlich wie das Fließen von Blut in den Adern – und war doch auch ganz anders. Ich hörte dieses Lodern und nahm einen leisen Klang, eine Melodie wahr, wie von Weitem sanft herüberklingende Musik.

Dann befanden wir uns plötzlich weit entfernt und ich sah die Stadt wieder als den hell leuchtenden und strahlenden Lichtkubus mit den zahlreichen unterschiedlichsten Lichtebenen und -schichten. Wieder sagte Jesus: „Sie wächst schnell. Und es kommt der Moment, in dem der letzte Stein eingesetzt werden wird, wenn sie in Vollendung fertiggestellt sein wird … bald schon!"

Ich wusste, dass man für das Errichten des Fundaments und der ersten Bauabschnitte dieses himmlischen Baues nach unserem menschlichen Empfinden lange Zeit benötigt hatte, vielleicht Jahrhunderte. Alles wurde sehr genau, präzise und in himmlischer Vollendung vorbereitet. Jeder Stein war eine Kostbarkeit, die von Ewigkeit her für genau die Stelle vorgesehen war, an der er eingesetzt wurde. Jeder Stein war von unendlicher Bedeutung, denn ohne ihn wäre dieser Bau nicht vollkommen. Je weiter der Bau voranschritt, erfolgten die Arbeiten immer schneller und schneller.

Jesus sah mich an: „Diese Stadt wird in Ewigkeit bestehen. Ich habe alles für sie gegeben. Sie ist Gottes Haus. Wer Bestandteil des lebendigen Hauses Gottes ist, der wird in Ewigkeit leben!"

Jetzt aber trachten sie nach einem besseren [Vaterland], *das ist nach einem himmlischen. Darum schämt sich Gott ihrer nicht, ihr Gott genannt zu werden, denn* ***er hat ihnen eine Stadt bereitet****.*
Hebräer 11,16

Im Hause meines Vaters sind viele Wohnungen. Wenn es nicht so wäre, würde ich euch gesagt haben: Ich gehe hin, ***euch eine Stätte zu bereiten****?*
Johannes 14,2

Ich erkannte, dass all die Menschen, die nicht an diesem Bau Anteil hatten, die nicht lebendige Steine in diesem ewigen Bau Gottes waren, außerhalb bleiben würden. Die Bibel spricht davon, dass außerhalb Heulen und Zähneklappern sein wird. „Außerhalb sein" bedeutet nicht, sich räumlich gesehen außerhalb der Stadt, sozusagen in der Umgebung, zu befinden, sondern es bedeutet, kein Bestandteil davon zu sein, nicht eingebaut zu sein. Wer nicht innerhalb des himmlischen Jerusalems ist, der ist außerhalb des Lebens, das Gott für uns vorgesehen hat.

Da wird das Weinen und das Zähneknirschen sein, wenn ihr Abraham und Isaak und Jakob und alle Propheten im Reich Gottes sehen werdet, euch aber ***draußen*** *hinausgeworfen.*
Lukas 13,28

Und alles Unreine wird ***nicht*** *in sie* ***hineinkommen****, noch derjenige, der Gräuel und Lüge tut, sondern nur die, welche geschrieben sind im Buch des Lebens des Lammes.*
Offenbarung 21,27

Bild 36

Der Bau wächst

Es war ganz still. Ich spürte Jesus neben mir und unterhielt mich einige Zeit mit ihm. Er legte seinen Arm um mich und kurz darauf sah ich vor uns wieder einen der Eckpunkte des himmlischen Jerusalems auftauchen.

Wir bewegten uns an einer der Seitenkanten entlang. Mir wurde bewusst, wie gigantisch groß dieses frei im Raum schwebende Objekt doch war. Plötzlich bewegten wir uns sehr schnell davon weg, bis wir wieder an einen weit entfernten Punkt kamen, von dem aus wir das ganze Gebilde komplett überblicken konnten.

*Die **Stadt**, die Grundlagen hat, deren Baumeister und Schöpfer Gott ist.*
Hebräer 11,10

Ich sah den Bereich, an dem gebaut wurde. Wieder war der Bau, seitdem ich diesen Anblick das letzte Mal gesehen hatte, weit vorangeschritten. Die überwältigend große Baustelle sah diesmal tatsächlich wie „der Bau einer Stadt“ aus. Die Außenwände waren mit dem Bau emporgewachsen und sie waren völlig eben, glatt, plan – aus lebendigem Gold. Die unfassbare Größe der Stadt nahm mich gefangen. Dann sagte Jesus:

„Sie wächst schnell. Sie wird immer herrlicher. Ich liebe sie! Es kommt der Tag, an dem der letzte Baustein eingesetzt wird – ein Freudentag, an dem die herrliche Braut vollendet sein wird.

Es wird der Tag meiner Rückkehr sein, der Tag, an dem die Posaune erklingt. Das himmlische Jerusalem ist das Zentrum aller Dinge. Es ist der Thron Gottes und das Volk des Herrn, das sich darum schart. Es ist die Herrlichkeit aller Ewigkeit, es ist wundervoll. Es dauert nicht mehr lange und beim Einsetzen des letzten Steines erklingt der Klang der Posaune, der das Weltall erschüttert.

Siehst du den Bau? Wohl dem, der das Vorrecht hat, daran mitzubauen. Ohne diejenigen, die mitbauen, ohne die einzelnen Bausteine, wäre dies keine Vollkommenheit. Doch nicht ein Stein wird fehlen, nicht ein Bauarbeiter wird sein Werk nicht vollenden. Sie wächst jeden Tag schneller."

Welch erhebender Gedanke: Dies ist die Stadt, die in Ewigkeit besteht! Einige Zeit darauf sprach Jesus mit mir über das Thema Ewigkeit. Er sagte:

„Ewigkeit. Ewigkeit ist etwas völlig anderes als eine endlose Aneinanderreihung von Zeit. Ewigkeit ist nicht Zeit. Zeit wird aufhören – Ewigkeit wird bleiben. Der Tod wird aufhören – Leben wird bleiben. Leid wird aufhören – Freude wird bleiben. Ewigkeit ist anders, als du es dir vorstellen kannst. Wie du dir als Mensch keine Zeitlosigkeit vorstellen kannst, keine dimensionale Unbegrenztheit, so kannst du dir auch Ewigkeit nicht vorstellen.

Es wird nicht eine Sekunde Langeweile, Öde oder Bedauern in der Himmelswelt geben. Langeweile ist etwas, was zur gefallenen Schöpfung gehört, ebenso wie Schmerz, Leid, Not, Unzufriedenheit und Sünde. In Ewigkeit wirst du wissen:

Ich bin dort, wo ich hingehöre. Ich bin zuhause. Ewigkeit ist etwas, was dein menschliches Verständnis übersteigt. Freu dich darauf. Nichts ist furchtbarer, als in Ewigkeit von mir getrennt zu sein, nichts herrlicher und erfüllender, als mit mir vereint zu sein.

Ich habe Ewigkeit in dein Herz gelegt – und in das Herz jedes Menschen. In Vielen hat der feind dieses Bewusstsein zerstört, weil sie sich den falschen Dingen widmeten und das Falsche hörten. Doch eine Berührung meiner Gunst kann das Verlangen wieder entfachen. Ewigkeit ist das, was ich für meine Kinder vorbereitet habe."

Auch hat er die Ewigkeit in ihr Herz gelegt …
Prediger 3,11

Bild 37

Im Strom des Geistes

Ich befand mich neben Jesus und sah vor mir in großer Entfernung erneut die Erscheinung der himmlischen Stadt. Wie zuvor war sie von diesen faszinierenden Lichtsphären und -gebilden umgeben. Diesmal sah ich deutlicher, dass sie wie ein frei im Raum schwebender Quader aus lichtem Gold aussah. Ich konnte erkennen, dass an dem Objekt noch gebaut wurde, von mir aus gesehen auf der linken Seite.

Der Strom des Heiligen Geistes floss aus dem Gebilde aus und zwar aus meiner Position gesehen waagerecht nach rechts und links. Er verlief schnurgerade, so weit ich sehen konnte. Es war, als ob dieser Strom wie eine gerade Linie, fast wie ein Horizont, das sich mir bietende Bild mittig aufteilen würde.

Wir bewegten uns plötzlich zu diesem Strom hin und befanden uns sogleich direkt daneben. Ich kam ihm wieder so nahe, dass ich ihn mit meiner Hand berühren konnte. Es war wieder dieses lodernde, glühende, golden fließende Feuer, das mich an Lava erinnerte und das mit großer Kraft und Geschwindigkeit in einem klar umrissenen Strahl an mir vorbeiströmte. Auf der Erde würde man denken, dass es durch eine Glasröhre fließen müsse, so scharf umrissen war der Strahl. Er strömte vom Thron Gottes in unveränderter Intensität aus. Jesus sagte zu mir: „Geh hinein!“

Der Strom „donnerte“ mit sehr großer Geschwindigkeit an mir vorbei und ich war etwas irritiert. Doch dann bewegte ich mich beherzt hinein und zu meiner Überraschung strömte es durch mich hindurch. Ich wurde nicht weggerissen, wie ich erwartet hatte, sondern blieb zunächst an meiner Position. Es flutete voller Macht durch mich hindurch und erinnerte mich an das Bild, das ich ganz zu Beginn hatte, als das Wasser des klaren Baches, der vom Kreuz ausfloss, durch mich, meinen Körper, mein ganzes Sein hindurchströmte. Jetzt empfand ich es als eine ganz ähnliche Situation. Heiligkeit, der Geist Gottes, strömte durch mich hindurch. Ich wurde daran erinnert, dass Ströme lebendigen Wassers von uns ausfließen sollen.[32] Die gewaltige Dynamik der fließenden Bewegung des Stromes war deutlich zu spüren, es war wie ein „Hindurchprasseln“.

Aus ***Zion****, der Schönheit Vollendung, ist Gott* ***hervorgestrahlt****. Unser Gott kommt, und er wird nicht schweigen; Feuer frisst vor ihm her, und rings um ihn stürmt es gewaltig.*
Psalm 50,2-3

Nach einiger Zeit realisierte ich, dass mich der Strom nun mit sich riss und mit großer Geschwindigkeit an einen bestimmten Ort transportierte. Bald darauf fand ich mich wieder neben dem Strom stehend. Jesus war an meiner Seite. Das himmlische Jerusalem war nicht mehr zu sehen. Ich fragte Jesus, wo ich wäre und er antwortete zu meiner Überraschung: „In Deutschland.“

Es war nichts zu sehen, außer Dunkel und diesem strömenden, mächtigen Feuerstrahl, der sich direkt neben uns befand. Die Worte: „Heiliges Glühen, göttliche Glut“ kamen mir in den Sinn.

32 Johannes 7,37-39

Jesus sprach zu mir und sagte, dass ich in diesen Feuerstrom, diesen Geist, diesen Strom Gottes hineintreten müsse, wenn ich Dinge Gottes bewirken will. Nur wenn ich hineintrete und er durch mich hindurchfließt, bewirkt er das, was er – Jesus – durch mich tun will. Nicht ich tue mit meiner kleinen Kraft etwas, sondern dieser mächtige, gigantische Strom flutet durch mich und bewirkt die Dinge, denen keine finstere Macht und keine dämonische Struktur widerstehen kann.

Der Strom Gottes fließt wie ein Strom lebendigen Feuers. Er strömt von all denen aus, die sich gebrauchen lassen, reinigen lassen und bereit machen lassen für das, was Gott tun will und wird. Dieser Strom des Geistes wird auch Deutschland treffen, wird durch Menschen fließen, die von Gott positioniert, ausgesucht und bereit gemacht sind, um dieses Land zu verändern.

Der Strom des Geistes ist nicht etwas, was mit menschlichen Methoden gemacht, produziert, manipuliert oder künstlich erzeugt werden kann. Als Menschen sind wir die Kanäle, doch es ist der Strom, das heilige Feuer Gottes, das etwas bewirkt. Welche der Geist Gottes treibt, die sind Gottes Kinder.[33] Er selbst wird uns dorthin treiben, wo er uns haben will, um durch uns zu dieser sterbenden, leidenden Welt zu fluten. Dieses Feuer wird Europa treffen, wird Deutschland treffen, wird Bollwerke der Finsternis in einem einzigen Augenblick einstürzen und das Licht aufstrahlen lassen.

33 Römer 8,14

Bild 38

Die weiße Wolke

Ich begegnete Jesus und war voller Freude. Ich tanzte um ihn herum und nahm ihn dann in den Arm. Irgendwann blickte ich an mir herunter und bemerkte, dass ich wieder die Rüstung trug. Das Schwert steckte an meiner Seite. Jesus sagte mir, dass ich die Rüstung immer tragen würde, ebenso wie auch das weiße Gewand. Ich wäre mit beidem bekleidet.

Er ergriff meine Hand und gemeinsam liefen wir los. Ich nahm zunächst nichts von dem Umfeld um uns herum wahr, bis ich plötzlich bemerkte, dass wir uns direkt vor einer gewaltigen weißen Wolkenwand befanden. Sie erinnerte mich mehr als alles, was ich bisher erblickt hatte, an eine Wolke im irdischen Sinne. Wenn Künstler die himmlische Realität darzustellen versuchen, ist dies ja in der Regel mit Wolken verbunden, doch ich hatte auf meiner ganzen Reise bisher noch keine einzige Wolke bewusst wahrgenommen. Dies hier jedoch war eindeutig eine weiße Wolkenwand. Sie war in leichter Bewegung, genauso wie eine Wolke am irdischen Firmament, die vom Wind sanft vorangetrieben wird.

Jesus hielt mich an der Hand und wir bewegten uns in das Innere der Wolkenwand hinein. Die Wolke umhüllte uns und vermittelte etwas, was ich nur mit Heiligkeit, Reinheit und Klarheit beschreiben kann. Nach wenigen Augenblicken ergriff mich ein überwältigendes Bewusstsein meiner Sündhaftigkeit und Unzulänglichkeit. Ich fühlte mich wie Petrus, der sagte:

„Geh von mir hinaus! Denn ich bin ein sündiger Mensch, Herr."[34] Es war keine angenehme Empfindung. Während all meiner bisherigen Erlebnisse und Eindrücke hatte ich noch nie so stark das Gefühl empfunden, Teil einer gefallenen Schöpfung zu sein, wie in diesem Moment. Ich empfand: „Ein Mann mit unreinen Lippen bin ich, und mitten in einem Volk mit unreinen Lippen wohne ich."[35] Doch gleichzeitig wusste ich, dass ich durch Jesus uneingeschränkten Zugang zum Vater habe und mir alle Schuld vergeben ist. So hielt ich inne und bat ihn, mich zu reinigen. Er berührte mich und mir war, als ob ich wieder durchatmen konnte.

„Was ist das hier?", fragte ich.

„Das ist die Schekina-Herrlichkeit, die direkte Gegenwart des Vaters. Da, wo Jahwe ist, da ist die Schekina … er selbst."

Dass der Gott unseres Herrn Jesus Christus, ***der Vater der Herrlichkeit****, euch gebe den Geist der Weisheit und Offenbarung in der Erkenntnis seiner selbst.*
Epheser 1,17

34 Lukas 5,8
35 Jesaja 6,5

Bild 39

Die Herrlichkeit Gottes

Ich erblickte Jesus und wir nahmen uns in den Arm. Nach einiger Zeit bat ich ihn, mir etwas zu zeigen, worauf er sagte, dass er mich über Herrlichkeit lehren wolle.

Er erklärte mir, dass Herrlichkeit nicht mit etwas Irdischem jemals vergleichbar wäre und Menschen sie sich nicht vorstellen könnten. Obwohl sie, wenn Kinder Gottes sie erblicken, wie ein nebelartiger Stoff erscheint, sei sie keine irdische Substanz. Herrlichkeit sei das Sichtbarwerden der Gegenwart Gottes, seiner Präsenz, seines Anwesendseins. Sie hat nichts mit einer Wolke oder Nebel im irdischen Sinne zu tun, auch wenn kaum ein anderes Wort besser geeignet ist, ihre Erscheinung zu beschreiben.

Er forderte mich auf, den Thronsaal zu betrachten, in dem ich mich augenblicklich befand. Ich bemerkte, dass er von der wolkenartigen Substanz dieser Herrlichkeit völlig ausgefüllt war. Bisher hatte ich dies noch nie wahrgenommen. Es war eine völlig neue Erscheinung. Es war wie dichter Nebel, aber dennoch vermochte ich nahezu ungehindert hindurchzusehen. Zum Thron hin verdichtete sie sich immer mehr, wurde immer „kompakter", weißer und strahlender.

Jesus sagte mir, dass diese Erscheinung der Herrlichkeit die Art und Weise sei, wie sich der himmlische Vater mir zeigen und offenbaren würde … und dies sei auch die Art, wie er sich Millionen von Menschen zeigen würde.

Ich fragte mich, ob die Wesen, die sich innerhalb des Thronsaals befanden, vom Vater auch „nur“ diese Form der Herrlichkeit sahen und erhielt die Antwort, dass ich mit meinen irdischen Augen nicht in der Lage sei, die Dinge wahrzunehmen, die diese Wesen sehen könnten. Ich wusste, dass in der Heiligen Schrift Menschen Gott immer wieder als eine Erscheinung in menschlicher Gestalt wahrgenommen hatten. Doch Gott ist keine Person im menschlichen Sinne und jede Erscheinung von ihm ist immer nur eine einzelne Facette – aus Myriaden von Facetten.

Dann unterwies mich Jesus weiter. Als sich Adam im Garten Eden versteckte, tat er es wegen der Gegenwart Gottes, wegen der Wolke der Reinheit, Heiligkeit und Klarheit. Er hatte gesündigt und wusste, dass es furchtbar sein würde, in die unmittelbare Herrlichkeit des allmächtigen Gottes zu treten. Deshalb verbarg er sich. Dieses Fliehen und Verstecken ist das Erkennungszeichen des gefallenen Menschen. Er fürchtete die Gegenwart Gottes, er fürchtete das ewige Licht und suchte die Dunkelheit.

Dann sprach Jesus über die Menschen, die für immer verloren sein werden. Es sind Menschen, die in Ewigkeit das Licht fürchten und im Dunkel bleiben. Die ewige Verdammnis, die Hölle, sei, genauso wie der Himmel, etwas, was unser menschliches Verständnis übersteigt. Die Hölle ist Gottesferne, Abwesenheit von allem, was Gott ist, was schön und lebenswert ist. Verschiedene Christen haben immer wieder einzelne Offenbarungen über die Hölle, die ewige Verlorenheit, erhalten, doch immer waren das, was sie sahen, nur einzelne Facetten. Manche erblickten den Feuersee – er ist real und eine der Facette des ewigen Getrenntseins von Gott. Wie wir uns als Menschen das Leben in der ewigen Gegenwart Gottes nicht vorstellen können, so vermögen wir uns auch das ewige Getrenntsein von Gott nicht vorzustellen. Die menschliche Existenz wird nie aufhören, alle menschlichen Wesen werden für immer bestehen, entweder vereint mit Gott, oder getrennt von ihm. Entweder in dem ewigen Bewusstsein: „Ich bin zu Hause", oder in dem ewigen Schmerz: „Ich bin am falschen Ort."

Danach sprach der Herr nochmals über das Wesen der wiedergeborenen Menschen, der Kinder Gottes, zu mir. Jeder Christ ist ein Tempel Gottes, ein Tempel des Geistes und damit auch ein Abbild der himmlischen Realität.

Der Tempel Gottes ist heilig, und ***der seid ihr****.*
1. Korinther 3,17

Gott selbst hat in ihm, in dem inwendigen Menschen Wohnung bezogen, ist in ihm gegenwärtig und will diesen geistlichen Tempel mit seiner Herrlichkeit ausfüllen und mit Heiligkeit, Klarheit und Reinheit durchdringen. Wenn ein Mensch wiedergeboren ist, ist er direkt mit dem verlinkt, was in der Himmelswelt geschieht. Er ist eingesetzt in der Himmelswelt, gesegnet mit jeder geistlichen Segnung in der Himmelswelt und direkt mit der himmlischen Realität verbunden.

Er hat uns gesegnet mit ***jeder geistlichen Segnung in der Himmelswelt*** *in Christus …*
Epheser 1,3

Er hat uns mitauferweckt und ***mitsitzen lassen in der Himmelswelt*** *in Christus Jesus …*
Epheser 2,4-6

Der in dem wiedergeborenen Menschen wohnende Geist ist der gleiche Geist, der aus dem himmlischen Thronsaal herausfließt. Er will durch ihn fließen – und durch Millionen anderer Kinder Gottes – um die Werke Gottes in dieser Welt zu vollbringen. Der Strom des Geistes will durch seine Arme und Hände fließen und dieser gefallenen, dem Tod übergebenen Schöpfung das wahre Leben bringen. Jeder einzelne Christ ist ein Quellort des Geistes, jeder einzelne Christ ist ein Ort, in dessen tiefstem Inneren die Herrlichkeit Gottes wohnt. Sein Mund soll der Mund Jesu sein, seine Augen sollen die Augen Jesu sein, seine Hände sollen die Hände Jesu sein, durch die die Segnungen der Himmelswelt freigesetzt werden.

Bild 40

Die Herrlichkeit des Herrn wird die Erde erfüllen

Ich bemerkte, dass ich mich mit Jesus wieder vor der Wolke der Herrlichkeit befand. Er ergriff meine Hand und wir bewegten uns in das strahlende Weiß hinein. Nach kurzer Zeit sah ich, dass wir zu dem Ort mit den glühenden Kohlen gekommen waren. Er hielt mich noch immer an der Hand, schaute mich an und sagte:

„Hier ist der Ursprung alles Seins, der Ort, an dem der Geist Gottes inmitten der Herrlichkeit Gottes brütet. Der Vater ist hier, der Geist entspringt hier und ich, der Sohn, bin hier. Wir haben uns den Menschen des göttlichen Wohlgefallens völlig hingegeben. Der Vater hat den Menschen geschaffen und seinen Lebensodem in ihn hineingegeben. Ich habe mein Leben für ihn hingegeben. Der Heilige Geist wurde zu den Kindern des Wohlgefallens gesandt und hat sich ihnen hingegeben. Der Vater, der Sohn und der Geist haben sich verschenkt. Das ist das größte Geheimnis aller Ewigkeit, das ist es, warum der Mensch Gott zum Ebenbild gemacht ist. Wir haben uns denen geschenkt, die sich uns schenken werden.“

Das Geheimnis, *das von den Weltzeiten und von den Geschlechtern her verborgen war, jetzt aber seinen Heiligen offenbart worden ist …* ***Christus in euch, die Hoffnung der Herrlichkeit.***
Kolosser 1,26-27

Unmittelbar darauf erblickte ich den himmlischen Thronsaal. Der eigentliche goldene Thron war nicht mehr zu sehen; er war komplett von der Wolke der Herrlichkeit des Herrn umgeben, die ihn wie eine sehr dichte, weiße, strahlende Masse komplett umhüllte. Das Weiß war strahlend hell, doch es war mehr als das. Im Inneren schillerte und changierte es, es leuchtete, und es war, wie wenn sehr kleine Blitze darin funkelten. Manchmal erschienen innerhalb der Wolke schemenhaft bunte Lichtbrechungen wie das Farbspektrum eines Regenbogens. Die ganze Wolke der Herrlichkeit lebte und pulsierte.

Wie das Aussehen des Bogens, der am Regentag in der ***Wolke*** *ist, so war das Aussehen des Glanzes ringsum. Das war das Aussehen des Abbildes der* ***Herrlichkeit des HERRN****.*
Hesekiel 1,28

Bald darauf befanden wir uns wieder vor der gewaltigen weißen Wolkenwand. Ich fragte Jesus, wie groß diese Wolke sei, und er antwortete, dass sie kein Ende habe, die Herrlichkeit Gottes sei unermesslich. Wir bewegten uns in die Wolke der Herrlichkeit hinein und nach wenigen Augenblicken fühlte ich mich, ganz anders als beim ersten Mal, von berstender Freude erfüllt. Ich tollte herum, schlug Purzelbäume, sauste umher, drehte mich. Mir fiel der Vers ein:

Fülle von ***Freuden*** *ist vor deinem Angesicht …*
Psalm 16,11

Plötzlich sah ich das himmlische Jerusalem von außen als goldenes Lichtobjekt vor mir. Ich konnte das gesamte Gebilde überblicken und nahm etwas wahr, was ich bisher nie gesehen hatte.

Alles, die gesamte Erscheinung, war in diese Wolke der Herrlichkeit eingebettet, das ganze Objekt war darin eingehüllt. Die Gegenwart Gottes durchdrang alles vollständig.

Der HERR wird ***Zion*** *aufbauen, er wird erscheinen in seiner* ***Herrlichkeit****.*
Psalm 102,17

Einen Augenblick später befand ich mich in größerer Entfernung und sah das himmlische Jerusalem mit den umgebenden Flächen und Sphären aus Licht. Auch hier realisierte ich, dass alles von dieser weißen Wolke der Herrlichkeit Gottes vollkommen umhüllt war.

Dann befand ich mich nach einigen Augenblicken noch weiter entfernt und sah das himmlische Jerusalem nur noch wie einen kleinen funkelnden Stern am Horizont. Noch immer war alles von dieser weißen Gegenwart Gottes umhüllt.

Da sprach der Herr zu mir, dass die Herrlichkeit Gottes einmal die ganze Erde bedecken wird – umfassend und nicht auszumessen. So, „wie das Blau des Firmaments die Erde umspannt". Ich hörte, wie er sagte: „Die Erde ist zu klein, um nicht von der Gegenwart Gottes völlig eingehüllt zu werden."

Denn die ***Erde*** *wird davon erfüllt sein, die* ***Herrlichkeit*** *des HERRN zu erkennen, wie die Wasser den Meeresgrund bedecken.*
Habakuk 2,14

*Das **Land** wird voll von Erkenntnis des HERRN sein, wie von Wassern, die das Meer bedecken.*
Jesaja 11,9

Er sagte weiter: „Meine Schekina-Herrlichkeit ist meine sichtbare Gegenwart auf der Erde. Sichtbar im brennenden Dornbusch, sichtbar in der Wolken- und der Feuersäule, sichtbar, als ich die Stiftshütte und den Tempel erfüllte, Jesus in seinem sterblichen Leib überschattete. Immer wieder sichtbar in der Geschichte meiner Kinder. Meine Gegenwart, die sie als Nebel, als Licht, als Segen, als goldenen Schimmer, als Strahlen, als Leuchten wahrnehmen, ist nicht fassbar, nicht greifbar, nicht beschreibbar – und doch für jedermann, der damit in Berührung kommt, unvergesslich, heilend und der größte Segen des Lebens. Meine Herrlichkeit wird die gesamte Erde umspannen und sie wird jeden Menschen zutiefst berühren. Ich werde meine Herrlichkeit jedermann zeigen. Denjenigen, die mich hassen und das Dunkel lieben, zur größten Pein und zum Entsetzen. Denjenigen, die mich kennen und von Herzen lieben, zur größten Freude."

*Erhebe dich über die **Himmel**, o Gott! Über der ganzen Erde sei deine Herrlichkeit!*
Psalm 108,6

*Und gepriesen sei sein herrlicher Name in Ewigkeit! **Seine Herrlichkeit erfülle die ganze Erde**! Amen, ja Amen.*
Psalm 72,19

*Dein Reich komme; dein Wille geschehe, **wie im Himmel, so auch auf Erden**!*
Matthäus 6,9-10

„Martin, dass meine Herrlichkeit die ganze Erde umspannen wird, den ganzen Erdkreis erfüllen wird, steht bald bevor. Der Himmel wird die Erde berühren und sie in einer Art durchdringen, die sich kein Mensch vorzustellen vermag. Jeder Mensch muss wählen zwischen Licht und Finsternis, jeder Mensch muss seine Entscheidung treffen. Mein Reich kommt. Es wird die Erde erfüllen. Unvorstellbar Neues kommt für meine Kinder, für die Bausteine des lebendigen Jerusalems, für meine Braut.

Das Leben beginnt. Ja, das wahre Leben beginnt.

Liebe und Freude … in Ewigkeit.

Sag meinen Kindern: Ich habe mehr für sie! Mehr, als sie erfassen oder erahnen können. Ich gab alles für sie hin – damit sie alles in Empfang nehmen können.“

Was kein Auge gesehen und kein Ohr gehört hat und in keines Menschen Herz gekommen ist, ***was Gott denen bereitet hat, die ihn lieben****.*
1. Korinther 2,9

Teil 3

Deine eigene Entdeckungsreise

Wenn du zu den Menschen zählst, die sich danach sehnen, in die himmlische Realität hineinzusehen und du dich auf deine eigene Entdeckungsreise in die Dimension des Himmels machen willst, dann möchte ich dir einige Hinweise geben, die dir dabei helfen können, auf diesem Weg weiter voranzukommen.

Zunächst ist wichtig, dass du verstehst, dass geistliches Sehen kein Automatismus ist, etwas, was von ganz allein, unkontrollierbar oder gar zwanghaft über dich kommt. Geistliches Sehen entspringt einer lebendigen, intakten Beziehung zu deinem himmlischen Vater – Jahwe, deinem Herrn und Retter Jesus Christus – Jeschua, und deinem Beistand, Ratgeber und Tröster, dem Heiligen Geist – dem Ruach ha Kodesch.

Lebensübergabe und Wiedergeburt

Das Grundlegende ist: Ohne wiedergeboren zu sein, hast du keinen Zugang zum Himmel, weder jetzt noch in Ewigkeit. Deshalb ist deine Bekehrung, Lebensübergabe und Wiedergeburt von absolut entscheidender Bedeutung.

Für den Fall, dass du den Schritt einer persönlichen Bekehrung noch nicht getan hast oder du ihn bewusst erneut noch einmal tun möchtest, rate ich dir dringend, dich im Gebet an Gott zu wenden und mit aufrichtigem Herzen ein Gebet wie das folgende laut zu beten. Nicht als Formel, sondern als Einstieg in die Kommunikation und Beziehung mit Gott. Sprich danach einfach weiter und sage ihm ganz natürlich mit deinen eigenen Worten, ehrlich und „unreligiös“, was du auf dem Herzen hast.

Lieber Vater im Himmel,

ich gebe dir mein Leben. Ich akzeptiere, dass ich ein Sünder bin, der keinerlei Möglichkeit hat, gerecht vor dir zu stehen.

Doch durch Jesus Christus hast du den Weg freigemacht, damit ich zu dir kommen kann. Ich akzeptiere das jetzt für mich. Ich akzeptiere, dass Jesus für mich lebt, dass er für mich gestorben und auferstanden ist. Ich akzeptiere den Opfertod Jesu für mich, den er stellvertretend am Kreuz erlitten hat. Ich nehme es für mich jetzt willentlich in Anspruch.

Herr, ich tue Buße für Dinge, die ich falsch gemacht habe, wissentlich oder unwissentlich. Ich bitte dich, dass du mich in einen Prozess der Reinigung, der Heiligung und des Wachstums hineinführst. Ich möchte anders leben als bisher. Ich möchte so leben, wie es dir wohlgefällig ist. Bitte lass mich wachsen und geistlich reif werden. Ich nehme all das an, was Jesus für mich getan hat. Ich akzeptiere ihn als Herrn, Retter und Erlöser. Amen.

Erst durch deine ehrliche, persönliche, wissentliche und willentliche Entscheidung, Jesus Christus als Herrn und Retter anzunehmen, wirst du zu einem Christen. Durch das Wirken des Heiligen Geistes, der in dem Moment, in dem du dein Leben Gott übergibst, in deinem Geist Wohnung bezieht, geschieht die geistliche Neugeburt. Du wirst – wie ein Baby – in die geistliche Welt hineingeboren.

Wenn jemand nicht von ***Neuem geboren*** *wird, kann er das Reich Gottes nicht sehen.*
Johannes 3,3

Lebensstil und Heiligung

Nun beginnt der Prozess deines Heranwachsens, Lernens und Verstehens. Es beginnt der lebenslange Vorgang der „Heiligung", durch den du in der Beziehung zu Gott immer reifer wirst und ihn immer mehr erkennst.

Während dieses Wachstumsprozesses kommt es zu zahlreichen feindlichen Attacken, Versuchungen und gedanklichen Angriffen, mit denen satan und seine Gefolgschaft dich zu berauben, zu schwächen, zu stoppen und wenn möglich auszuschalten versuchen. Durch das Überwinden dieser Angriffe wirst du stärker, kampferprobter und reifer. Gott wird nie größere Attacken gegen dich zulassen, als du tatsächlich meistern kannst. So wie du im Natürlichen in der Schule, der Ausbildung, dem Studium und dem Arbeitsleben immer wieder Prüfungen ablegen musst, ist es auch im Geistlichen. Bedauerlicherweise bleiben viele Christen jedoch in diesem Prozess des Wachsens an irgendeiner Stelle stehen und kommen nicht in die völlige Reife hinein, die Gott für sie vorgesehen hat.

Unreife zeigt sich beispielsweise darin, dass manche Christen meinen, entgegen der Gebote und Anweisungen Gottes leben zu können, weil sie ja „unter der Gnade sind". Sie blenden die Bedeutung eines Gott wohlgefälligen Lebensstiles aus. Ebenso ist auch eine pharisäerhaft-überzogene, gesetzliche Haltung ein Zeichen von Unreife. Auch das ungute Aufrechterhalten alter Verletzungen, Unvergebenheit, Leben in bewusster Sünde, Abhängigkeit von Menschen u. a. weisen auf Unreife hin. Das Gute im geistlichen Leben ist jedoch, dass du dich jederzeit dem Herrn zuwenden, das Problem bekennen und neu mit ihm durchstarten kannst. Es gibt kein Problem, das du mit der Hilfe Gottes nicht überwinden könntest. Ein Zustand der Unreife ist nicht das, was Gott für dich vorgesehen hat. Der in dir wohnende Heilige Geist wartet nur darauf, dir zu dienen, dich aufzurichten und dir weiterzuhelfen.

Ganz praktisch bedeutet Heiligung für dich zum Beispiel: Schau dir keine Filme an, von denen du in deinem Inneren weißt, dass sie nicht gut für dich sind und dich auf dem Weg mit Gott nicht weiterbringen, auch wenn andere Christen dich vielleicht dazu verleiten wollen. Die meisten Filme sind für dein geistliches Sehen eine nicht zu unterschätzende Blockade. Dazu zählen auch Nachrichten u. Ä. Auch die Bücher und Zeitschriften, mit denen du deinen inneren Menschen füllst, sind entscheidend, ebenso die Musik, die du hörst. Verherrlicht es Gott, baut es deinen geistlichen Menschen auf oder blockiert es dich eher? Bitte doch einfach den Heiligen Geist, dir deutlich zu zeigen, was gut und förderlich für dich ist und was nicht.

Die Bibel hält eine äußerst hilfreiche Liste für dich bereit, die deutlich macht, welche Kriterien die Dinge erfüllen sollten, mit denen du dich beschäftigst:

Übrigens, Brüder,
alles, was ***wahr****,*
alles, was ***ehrbar****,*
alles, was ***gerecht****,*
alles, was ***rein****,*
alles, was ***liebenswert****,*
alles, was ***wohllautend*** *ist,*
wenn es irgendeine ***Tugend***
und wenn es irgendein ***Lob*** *gibt,*
das erwägt!
Philipper 4,8

Gott kennen zu lernen braucht Zeit der intensiven Gemeinschaft mit ihm. Dazu ist das Bibellesen unerlässlich. Nichts offenbart dir Gott und die übernatürliche Realität verlässlicher und klarer. Persönliches Schriftstudium ist absolut notwendig. Womit du dich füllst, das wird auch in dir sein. Wenn du dich mit den Dingen der Welt füllst, werden sie dein Denken bestimmen, wenn du dich mit der Wahrheit Gottes füllst, wird sie dein Denken und deine Sicht prägen. Wie bereits im ersten Teil erwähnt, fordert die Bibel dich deshalb auf:

Wenn ihr nun mit dem Christus auferweckt worden seid, so sucht, was droben ist, wo der Christus ist, sitzend zur Rechten Gottes! ***Sinnt auf das, was droben ist, nicht auf das, was auf der Erde ist****!*
Kolosser 3,1-2

Ebenso wichtig ist dein Gebetsleben, die Zeiten, in denen du Gott anbetest, ihm deine Liebe ausdrückst, ihm für all das, was er für dich getan hat, dankst, Zeit mit ihm verbringst und ihm auch deine Anliegen vorträgst. Wenn du reifer wirst, entdeckst du, dass Gebet kein Monolog von dir zu Gott ist, sondern ein echter Dialog. Der in dir wohnende Heilige Geist will mit dir kommunizieren, und zwar in einer Weise, in der er als Ratgeber und Beistand jederzeit zu dir sprechen kann und du ihn auch tatsächlich hörst. Dies ist zumeist weitaus weniger spektakulär als sich viele Menschen vorstellen. Es ist sein Reden in deinen Geist hinein, in dein Herz – ein Reden von Geist zu Geist.

Nicht wenige Christen verwechseln dieses Reden des Heiligen Geistes mit ihrem Gewissen. Es ist die leise Stimme in dir, die dich beispielsweise daran erinnert, für eine bestimmte Person zu beten, jemanden anzurufen und um Vergebung zu bitten, einen Kranken zu besuchen, den Fernseher auszuschalten und Lobpreismusik zu hören, eine bestimmte Sache wiedergutzumachen, einen gewissen Betrag zu spenden usw. Oft wischen Christen dieses innere Empfinden beiseite und sagen sich: „Das mache ich später", ohne es jedoch tatsächlich zu tun.
Je öfter du diese Stimme ignorierst, desto schwieriger wird es für dich, sie wahrzunehmen, je öfter du das tust, was sie sagt – am besten gleich und sofort – desto leichter wird es dir fallen, sie zu hören. Den Anweisungen des Heiligen Geistes in deinem Leben Raum zu geben und zu gehorchen, ist für dein geistliches Wachstum unerlässlich.

Geistestaufe

Jede Form der Ablehnung des Heiligen Geistes und seines Wirkens in dir, jede Missachtung ihm gegenüber, wird dich in einem Zustand geistlicher Unreife festhalten. Deshalb richtet sich ein großer Teil der teuflischen Propaganda gegen die Person und das Wirken des Heiligen Geistes.

Eine große Barriere kann die Angst vor dem sein, was dir widerfahren könnte, wenn du dich dem Heiligen Geist gegenüber vorbehaltlos öffnest. Angst ist das Gegenteil von Glauben. Wenn dich das betrifft, solltest du Gott ganz offen sagen, was du fürchtest, welche Bedenken du hast und ihn um die Offenbarung der Wahrheit bitten. Prüfe, ob es notwendig ist, Buße für deine falsche Sichtweise zu tun.

Ich persönlich bin der festen Überzeugung, dass die Erfüllung mit dem Heiligen Geist – die Geistestaufe – der wesentlichste Punkt ist, um in den übernatürlichen Bereich schauen zu können. Die Bekehrung ist nicht das Gleiche wie die Geistestaufe. Ein persönliches Pfingsten war für die Jünger Jesu und die Christen der ersten Gemeinden notwendig – und genauso ist es für uns heute notwendig. Die Geistestaufe ist eine Art Tiefenbekehrung, eine intensivere Ebene der Beziehung zu Gott. Zahlreiche Menschen sind jahrelang Christen, bevor sie sich bewusst danach ausstrecken, die Erfüllung mit dem Heiligen Geist persönlich zu erleben. Dazu ist Vertrauen, Offenheit und Bereitschaft erforderlich.

Die Erfüllung mit dem Geist Gottes geschieht nicht automatisch, irgendwie mystisch, sondern dann, wenn du den Heiligen Geist ehrlich und mit offenem Herzen einlädst, dich ganz zu erfüllen und die Herrschaft Gottes in deinem Leben weiter aufzurichten. Im Neuen Testament war das Reden in Zungen, also die übernatürliche Fähigkeit, in unbekannten Sprachen zu sprechen, allgemein der Erweis für das persönlich empfangene Pfingsten. Zungenreden ist etwas, was dich auf eine neue Ebene geistlichen Lebens „katapultiert“. Denn nun gestattest du dem Heiligen Geist, durch deine natürliche Stimme geistliche Wahrheiten auszusprechen, also Dinge, die nicht durch deinen gefallenen irdischen Verstand und dein vom feind infiltriertes Denken beeinflusst sind. Du betest die Geheimnisse Gottes.

Denn wer in einer Sprache redet, redet nicht zu Menschen, sondern zu Gott; denn niemand versteht es, im Geist aber redet er ***Geheimnisse*** *… Wer in einer Sprache redet,* ***erbaut sich selbst*** *… Ich möchte aber, dass ihr alle in Sprachen redet …*
1. Korinther 14,2-5a

Ausgiebiges, anhaltendes Beten in Zungen, zum Beispiel bei den täglichen Arbeiten, beim Autofahren, beim Spazierengehen, unter der Dusche usw., wird dich einen ganz entscheidenden Schritt darin weiterbringen, die geistliche Realität um dich herum wahrzunehmen.

Falls du die Erfüllung mit dem Heiligen Geist noch nicht persönlich erlebt hast, empfehle ich dir, ein Gebet wie das folgende laut auszusprechen und dann einfach laut weiterzubeten. Erlaube dem Heiligen Geist, durch dich zu fließen, deine Stimme zu gebrauchen, alle Ängste und Zweifel wegzunehmen, dich in seinen Schalom einzubetten und dich in all das hineinzubringen, was er für dich hat.

Mein Tipp: Bleib dran, gib nicht auf. Lass dich nicht abhalten, wenn es komisch klingt. Wenn ein Baby sprechen lernt, redet es auch nicht gleich in vollen Sätzen. Viele Menschen haben erlebt, dass eine entspannte Atmosphäre hilfreich ist, allein und ohne Zwang oder Druck, zum Beispiel in der Badewanne oder abends im Bett.

Lieber Vater im Himmel,

ich bitte dich um die Erfüllung mit deinem Heiligen Geist, um die Geistestaufe, die Jesus in Johannes 14,16-19 und in Apostelgeschichte 1,4-8 verheißen hat, die die ersten Jünger zu Pfingsten erlebten und die Millionen von Christen seitdem erlebt haben.

Ich erlaube dem Heiligen Geist, aus mir herauszuströmen wie die Schrift sagt und dazu auch meine Stimme zu gebrauchen. Lass die Frucht des Geistes in mir wachsen und mein Leben immer mehr prägen. Gebrauche mein Reden, um dich zu verherrlichen.

Nimm mein ganzes Leben, ich übergebe dir die Herrschaft.

Amen

Geistliche Sicht

Um in die geistliche Welt sehen zu können, musst du es vor allem aber auch wollen. Wie gesagt, es geschieht nicht automatisch. Du musst Gott immer wieder – vielleicht über einen langen Zeitraum – darum bitten, dir die Augen des Geistes zu öffnen und dir deinen persönlichen Zugang zu zeigen. Ich persönlich habe viele Jahre lang gebetet: „Öffne mir die Augen Herr", „Ich will deine Herrlichkeit sehen", „Lass mich dein Angesicht sehen" usw.

Das Wahrnehmen der geistlichen Realität um dich herum ist stark umkämpft und deshalb nicht etwas, was dir einfach so zufällt. Du musst mit Beharrlichkeit und Entschlossenheit hineindrängen, weitergehen und dranbleiben. Viele Menschen, die Gott in übernatürlicher Weise gebraucht, haben persönlich einen Preis dafür gezahlt, wie auch immer dieser ausgesehen haben mag. Oft begleitet Unverständnis, Ablehnung, Spott, Vorhaltungen und Vorwürfe die Menschen, die geistlich vorwärtsgehen.

Wie Menschen die geistliche Realität wahrnehmen, kann sehr unterschiedlich sein. Manche Christen träumen zum Beispiel in erster Linie. Andere vermögen Engel – und eventuell auch dämonen – zu sehen. Wieder andere erleben körperliche Manifestationen, wenn sie etwas sehen. Manche sehen Visionen mit offenen Augen und hören Gottes Stimme akustisch vernehmbar. Bei anderen leuchtet nach einem Erlebnis im Übernatürlichen das Gesicht. Einige haben Erscheinungen inmitten ihres Alltags, andere vorwiegend während Zeiten des Gebets und Fastens usw. Was der Herr für dich hat, hat er für keinen anderen in genau dieser Weise.

Mach ein Gebet wie das folgende zum Ruf deines Herzens. Ich bin sicher, dass der Herr bereits voll Freude darauf wartet, dass du dich ihm mit dieser Bitte nahst.

Lieber Vater im Himmel,

öffne mir meine geistlichen Augen, lass mich sehen. Ich will dich sehen, deine Herrlichkeit und das, was du für deine Kinder in der Himmelswelt vorbereitet hast, das Erbe der Heiligen im Licht. Lass mich in die himmlische Dimension blicken und die geistliche Realität, die mich umgibt, mit offenen Augen wahrnehmen. Öffne mein Verständnis und mein geistliches Erkennen. Nimm mich mit auf meine persönliche Entdeckungsreise in den Himmel.

Nimm alles, was mich hindert, und jede geistliche Blockade und Decke fort. Ich gebe dir meinen Kleinglauben, meine Verzagtheit, meine Ichbezogenheit, mein Blicken auf die Dinge dieser Welt. Hilf mir, Glauben, Vertrauen und kühne Zuversicht zu entwickeln, eine tiefe und herzliche Liebesbeziehung zu dir, aus der echtes geistliches Erkennen entspringt. Öffne mir die Augen, Herr! Amen.

Geistliches Wachstum und Voranschreiten ist ein lebenslanger Prozess. Es gibt kein Stadium, in dem du alles erreicht hast, was Gott für dich zu bieten hat. Du kannst immer, ständig, an jedem einzelnen Tag deines Lebens, bis hin zu dem Tag, an dem der Herr dich von dieser Welt abberufen wird, reifer werden, wachsen und in größere geistliche Vollmacht und Autorität hineindrängen.

Egal, wie alt du bist und wie weit du im Glaubensleben bereits gekommen bist, du sollst wissen:

Gott hat immer noch mehr für dich!

DIE 7 FESTE DER BIBEL UND IHR GEHEIMNIS

Die Abfolge der biblischen Feste beinhaltet die komplette Heilsgeschichte und ermöglicht einen faszinierenden Einblick in die großen Pläne Gottes.

Die ersten vier Feste sprechen von dem, was historisch bereits geschehen ist: Das erste Kommen Jesu als der leidende Messias, die Auferstehung und die Sendung des Heiligen Geistes zu Pfingsten. Aber es geht weiter: Jesus wird auch die noch ausstehenden biblischen Feste erfüllen. Sie weisen auf die vor uns liegende Zukunft hin, auf die Wiederkunft des Herrn als königlicher Messias … und auf das, was danach kommen wird.

Band 1: Pessach – Das Passahfest

Das Passahfest ist der Startschuss für ein Leben in den Absichten Gottes. Es ist das Fest des Auszuges aus dem Machtbereich des Feindes, dem Land der Sklaverei, zum Land unserer Verheißung. Es ist das Fest der Bekehrung und besitzt eine Fülle von Hinweisen auf Jesus, seinen Opfertod am Kreuz und die Errettung durch das vergossene Blut.

Band 2: Mazzoth – Das Fest der ungesäuerten Brote

Das siebentägige Fest der ungesäuerten Brote – die Passahwoche – steht für den Prozess der Heiligung inmitten der neu gewonnenen Freiheit. Das alte, sündige und alles durchsetzende Leben Ägyptens muss zurückbleiben, bevor das verheißene Land eingenommen werden kann. Nach der Hinwendung zu Jesus geht es weiter, die Reise in das Leben der Nachfolge beginnt.
Anhang: Drei Wallfahrtsfeste / Streiflichter der kirchengeschichtlichen Entwicklung

Band 3: Das Fest der Erstlingsfrüchte

Das Fest der Erstlingsfrüchte am zweiten Tag der Passahwoche ist der Zeitpunkt der Auferstehung Jesu und steht für den völligen Sieg über Hölle, Tod und teufel. Es spricht von der Hingabe des ersten und besten Teils an Gott und seinem Anspruch auf unser Leben. Denn die neutestamentliche Gemeinde ist die „Gemeinde der Erstgeborenen".
Anhang: Ein gutes Land / Der jüdische Kalender

Band 4: Schawuot – Das Wochenfest (Pfingsten)

Das Wochenfest ist der Höhepunkt der Gottesoffenbarung. Es ist das Fest des Wortes Gottes, das dem Volk Israel am Sinai gegeben wurde und damit die Geburtsstunde Israels und des Alten Bundes. Für die Gemeinde ist Pfingsten, als weitaus größerer Höhepunkt der Gottesoffenbarung, der Tag der Ausgießung des Heiligen Geistes. Es ist auch die Geburtsstunde der Gemeinde und des Neuen Bundes.
Anhang: Die Hitze des Sommers: Die Zeit, in der wir leben / Sonstige Feste Israels

Band 5: Rosh Haschanah – Der Tag des Schofarblasens

Das Fest Rosh Haschanah steht für den Start in etwas absolut Neues. Es ist ein Startschuss in etwas Großartiges, ein neues Zeitalter, eine neue Ära, ein neues „Jahr". Heilsgeschichtlich betrachtet wird sich der Lauf der Menschheitsgeschichte völlig verändern, wenn zum Klang der Posaune der Herr in Macht und Herrlichkeit in den Wolken des Himmels wiederkommen wird.
Anhang: Der Ausgangspunkt der Christenheit / Die Position Israels

Band 6: Yom Kippur – Der Versöhnungstag

Yom Kippur ist der Tag der Bedeckung – alle unsere Schuld wurde durch Gottes Gnade bedeckt. An diesem Tag durfte sich im Heiligtum ein sterblicher Mensch Gott nahen und an die Bundeslade mit dem Gnadenthron treten. Der Tag steht für den Eintritt in die Herrlichkeit des Herrn und die Gemeinschaft mit Gott. Mit „aufgedecktem Angesicht" ist Gott von Angesicht zu Angesicht zu sehen.
Anhang: Die Opfer im Alten Bund

Band 7: Sukkot – Das Laubhüttenfest

Das Laubhüttenfest ist das Fest der Vollendung, das siebte Fest. Es ist ein langes, fröhliches, unbeschwertes Fest – und die Nationen der Welt sind mit eingeschlossen. Es ist das großartige Finale, die Zeit, in der man unter dem Schutz des Herrn lebt, in seiner „Hütte". Doch Gott hat mehr für dich! Schemini Azeret, der achte Tag des Festes, steht für den Zeitpunkt der himmlischen Hochzeit.
Abschluss: Schemini Azeret – Der Tag der großen Festversammlung